20 世纪中国图书馆学文库·32

图书馆学基础

北京大学图书馆学系
武汉大学图书馆学系 合编

国家圖書館出版社

本书据商务印书馆 1981 年 3 月第 1 版排印

前　　言

　　本书是高等学校图书馆学专业基础教材,是教育部主持制订的《高等学校文科教材编选规划》中的一种。

　　本教材重点阐述图书馆学的基本理论和基本知识,对于图书馆工作的技术方法问题,未做详细的介绍。

　　这本教材是由北京大学图书馆学系主编,由北大图书馆学系和武大图书馆学系的几位教师合写的。参加执笔的有:第一章周文骏(北京大学图书馆学系);第二章郑莉莉(北京大学图书馆学系);第三、九章郭星寿(武汉大学图书馆学系);第四、八章吴慰慈(北京大学图书馆学系);第五章沈继武(武汉大学图书馆学系);第六、十章张树华(北京大学图书馆学系);第七章是由沈继武、张树华共同执笔的。

　　在编写过程中,武汉大学图书馆学系的赵继元、曾秀华、苏焰等同志曾参加过讨论。最后定稿时,由张树华、沈继武两同志做了统一编纂的工作。

　　本教材在讨论大纲的过程中,曾征求过北京地区、天津地区、武汉地区一些图书馆的意见。《图书馆学基础》(征求意见稿)印出后,曾召开审稿会。参加审稿会的有:程德清、孙式礼、鲍振西、佟曾功、陈誉、单行、赵琦、郭松年、杜克、潘寅生、张德芳、钱培生、牟仁隆等同志,他们对本教材提出了许多宝贵的意见,对此我们表示深切的谢意。

由于我们的水平所限,编写时又由几个人分头执笔,缺点和欠妥之处在所难免,希望读者批评指正。

《图书馆学基础》编写小组
一九八〇年五月

目　次

第一章　图书馆学的对象和任务

在我国古代没有图书馆学这个名称，但图书馆学的某些知识产生极早。《周礼》《史记》等书中关于史官职责的记载，以后许多史书中关于图书编目和图书分类的论述，历代公私家藏书目录，历代记述版本、校勘的著作，记述出版家、藏书家的著作，记述公私藏书楼的著作等等，反映了许多图书馆工作的理论和方法问题。我国古代藏书楼活动为我国图书馆学的发展积累了大量有用的经验和材料，成为我国图书馆学发展的渊源。但图书馆学发展成为一个具有较完整的内容体系，则一直要到近代图书馆出现以后。

伴随着近代图书馆的发展，在我国形成了图书馆学这个概念。大约在本世纪初，图书馆学作为一门科学的名称已经在国内通用起来。早期以"图书馆"和"图书馆学"命名的专著，大多是翻译作品。例如，1910年谢荫昌译的《图书馆教育》（奉天图书发行所发行），1917年通俗教育研究会译的《图书馆小识》（北京通俗教育研究会出版）等等。以后，我国的一些专家陆续撰写了结合我国实际情况的著作。到了本世纪二十年代，图书馆学开始列入大学课程，并创办了图书馆学专科学校。例如，1920年北京高师开设暑期图书馆学讲习班，文华大学设立图书科等。图书馆学作为一门科学，终于逐渐得到了社会的承认。

全国解放之后，图书馆学的发展进入了一个崭新的阶段。人们力图用马列主义的立场、观点和方法来研究图书馆学。近三十年来,编辑出版了较多图书馆学专门著作,撰写了大量科学论文,发展了图书馆学系,培养了大批图书馆专业干部。图书馆学的研究和图书馆学的教育规模,都远远超过历史上的任何时期。

当前,我国正处在一个新的历史时期,社会主义现代化建设的需要,推动了图书馆事业的发展,同时也向图书馆学提出了许多新的研究课题;科学技术新成就在图书馆事业中的广泛应用,促使图书馆学的研究必须去探索许多新的领域。我国的图书馆学必将以新的面貌加速发展,在理论和方法各个方面,一定会取得具有历史意义的进展。

第一节　图书馆学的对象

什么是图书馆学? 回答这个问题先要明确图书馆学的研究对象。图书馆学的研究对象是图书馆事业,图书馆学是从图书馆事业发展中总结出来的理论体系和实践经验。但是,这里所说的图书馆学研究对象,到底是指图书馆事业的哪些方面,目前我国还没有取得一致的认识。归纳一下,有以下几种看法:

一、图书馆学研究图书馆的要素

我国较早提出的有陶述武先生,于 1929 年说"图书馆,其要素有三:书籍、馆员与读者"(《武昌文华图书馆学校季刊》第 1 卷 3 期)杜定友先生 1932 年在《浙江图书馆月刊》的《图书馆管理法上之新观点》一文中,认为图书馆有书、人和法三个要素:书指的是图与书等一切文化记载;人,即阅览者;法,包括设备,管理方法与管理人才。三要素之间的关系是"三位一体",并以书、法、人的次序来解析图书馆事业发展的重点。当时,他虽然还没有明显地把这三个要素作为图书馆学的研究对象来讨论,但他认为是图书馆学的主要内容——图书馆事业的理论基础。

1934 年刘国钧先生在《图书馆学要旨》一书中,又提到图书馆的四要素:图书、人员、方法和设备。1957 年他又写了《什么是图书馆学》一文(见《中国科学院图书馆通讯》1957 年第 1 期),其中提出读者、图书、领导和干部、工作方法、建筑与设备等五要素,并且明确认为"图书馆学所研究的对象就是图书馆事业及其各个组成要素",分别就这五项要素进行研究,就构成了图书馆学的整体,中心内容是工作方法。

图书馆要素的说法,在图书馆学理论和图书馆事业实践方面具有一定的影响,需要我们做进一步的研究和评价。

二、图书馆学研究图书馆的特殊矛盾

这类主张力求根据毛主席指出的:"科学研究的区分,就是根据科学对象所具有的特殊的矛盾性。因此,对于某一现象的领域所特有的某一种矛盾的研究,就构成某一门科学的对象。"(见《毛泽东选集》横排本第 1 卷第 284 页)以此来确定图书馆学研究的具体对象。

这方面的较早尝试,可以追溯到五十年代末六十年代初关于图书馆工作基本矛盾问题的讨论。后来,又有许多人做了有益的探索。

用分析矛盾的方法来确定图书馆学的研究对象,实际上是对图书馆的特殊的矛盾性的认识。但人们对图书馆的特殊的矛盾性认识往往不同,所以对图书馆学的研究对象也有许多说法,例如:

1. 藏与用的矛盾:藏为了用,用离不开藏(见黄宗忠的《试谈图书馆的藏与用》一文,载《武汉大学学报》1962 年第 2 期)。

2. 收藏与提供的矛盾:系统收藏为了反复提供,反复提供就要求系统收藏(见北大图书馆学系编《图书馆学概论》1978 年印)。

3. 管理和利用的矛盾:科学管理图书馆,充分利用图书馆(见曾浚一《对图书馆学研究对象的初步探讨》一文,1979年中国图书馆学会第一次科学讨论会论文)。

从矛盾的特殊性出发来寻求和解答图书馆学的研究对象问题,对图书馆做了许多说明和分析,这不仅加强了图书馆学的理论建设,并且对图书馆的实际工作也具有积极的意义。

三、图书馆学研究图书馆的组织、工作内容和工作方法

这种说法本身有一个发展的过程,即从图书馆的个体研究,逐渐走向对图书馆事业的研究(参阅北大图书馆学系1956年编《图书馆学讲义》第一部分;1955年编《图书馆学引论》讲稿等)。

我们认为第一种看法是有缺陷的。所谓图书馆的要素,它只能说明图书馆不能缺少的条件,而不能揭示图书馆的性质,更何况"必须对这些要素分别进行深入的研究",势必造成图书馆学内容的庞杂。例如,由于图书是图书馆的一个要素,就要把有关图书的科学,如目录学,版本学,校勘学,图书生产技术等等统统纳入图书馆学的范围,这显然是不适当的。

至于第二种看法,应用分析矛盾的方法来确定图书馆学的研究对象,还有待做进一步的努力。由于图书馆是一种十分复杂的现象,寻找出确实属于图书馆领域的特殊的矛盾性,目前似乎还没有成功。并且这个问题和图书馆的性质、作用紧密地联系在一起,需要从各个方面来共同研究解决。

第三种看法立足于对图书馆事业的分析,大多将图书馆事业划分成若干基本部分,构成图书馆学的具体研究对象。我们认为这种看法比较符合于图书馆事业的实际,也比较和人们研究图书馆学的实际范围相吻合。沿着这条途径,参照各家说法,可给图书馆学下这样一个定义:图书馆学是研究图书馆事业的发生发展、组织形式以及它的工作规律的一门科学。

第二节　图书馆学的内容

图书馆学的研究对象决定了图书馆学包含有广泛的研究内容：

一、基本理论的研究

首先是研究无产阶级革命导师马克思、恩格斯、列宁和毛主席等关于图书馆事业的论述和指示。这方面的工作需要在收集材料，一般性论述的基础上前进一步，做到结合我国客观实际，阐明革命导师的论述对图书馆事业发展的现实意义。

其次要研究图书馆的影响，特别是在我国新的历史时期中图书馆对社会的政治、经济、文化、教育、科学和技术各方面的作用。这种研究要根据我国图书馆工作的大量实际材料，并且广泛运用邻近学科的成就和方法。

第三，对读者阅读需要的研究。阅读问题是许多门科学的研究对象，我们的任务是着重分析研究读者的阅读要求，阅读倾向，阅读兴趣和使用图书馆的方法。我们要在大量实际材料的基础上，掌握读者阅读和使用图书馆的规律，以促进宣传图书，指导阅读，情报服务等方面的工作。

第四，对图书馆藏书的研究。着重研究出版物的类型特征和特殊用途，图书馆藏书成分及其发展，出版物供应的国家制度。

二、事业建设的研究

这方面的研究内容相当广泛，主要是：当前我国图书馆事业发展的方针、政策，图书馆事业的领导与管理体制，图书馆工作的任务，图书馆类型的确定和变化，图书馆网的布局，图书馆馆际联系，图书馆工作的标准化,图书馆干部培养,图书馆学研究规划等等。

三、业务工作的内容和方法的研究

这里着重研究图书馆工作诸过程的内容和技术方法:

1. 收集:一般书刊资料的收集原则和方法,不同类型书刊资料的收集原则和方法,不同类型图书馆收集工作的特点。

2. 登录:总括登录和个别登录的方式方法,不同类型出版物的登录特点,不同类型图书馆的登录制度。

3. 著录:图书资料著录的一般原则和方法。不同类型出版物的著录原则与方法上的特点。不同文字出版物的著录原则与方法上的特点。不同用途的著录:目录款目的著录,书目款目的著录,输入电子计算机的著录,统一著录等。

4. 分类:分类理论与方法。分类表的编制:基本体系,类目之间的关系,各种标记制度等等。

5. 主题:主题法的理论与方法,主题法的种类及其特点,各种主题法的应用,主题标引方法。

6. 文摘、提要:编制文摘、提要的一般原则和方法,不同学科文摘、提要的编制特点等等。

7. 目录:关于目录的基本理论和方法。目录的种类,目录的组织,目录的体系。

8. 排列:一般原则和方法,各种排列法,各类型出版物排列法等等。

9. 保管:书库管理,清洁卫生,装订修补等等。

10. 流通:基本理论和方法。借书处工作:种类,工作内容与方法。阅览室工作:种类,工作内容与方法。馆外流通:流通站,送书上门等等形式。

11. 宣传:图书宣传与指导阅读的基本理论和方法。群众性图书宣传与阅读指导。个别宣传与指导。各种不同学科的图书宣传与阅读指导。

12. 参考：参考咨询工作的基本理论和方法，参考咨询的种类，解决问题的方法，工具书的使用方法。

13. 检索：基本理论与方法。手工传统检索工具：书目，索引，文摘。检索途径：分类，主题，人名，地名，序号等等。电子计算机检索。检索系统。

以上列举的是图书馆工作的主要过程以及各工作过程之间的互相联系，每一工作过程都包含有许多业务环节，其中的许多理论和技术问题是需要认真加以研究的。

四、科学管理的研究

从组织管理的角度对图书馆工作做统筹安排。主要内容有图书馆工作的集中化、标准化和管理工作的现代化；各类型图书馆机构的设置、劳动组织、工作定额，工作计划、工作统计、工作报告、工作检查；图书馆建筑与设备的现代化；图书馆工作过程的机械化、自动化等等。

五、事业史的研究

在广泛的历史背景下研究图书馆的产生和发展，它在各个历史时期中的特点，它与政治、经济、文化诸方面的关系，它的活动内容和社会效果。

以上研究内容，反映了图书馆事业的各个方面。假如我们从图书馆学这个概念出发，则可划分成：

第一，普通图书馆学。包括理论图书馆学和应用图书馆学。主要研究图书馆学理论和图书馆的组织、技术、使用等的基本问题。

第二，专门图书馆学。专门研究国家的，城市的或地区的图书馆事业，以及各种专门图书馆，包括它们的种类、网、管理与组织、工作和发展等等。

第三，比较图书馆学。主要研究世界各国的图书馆事业。

第三节　图书馆学的相关学科

科学对象之间的联系，反映了各门科学内容之间的相互关系。由于图书馆事业中的重大理论和实践问题具有广泛的社会意义，使得图书馆学和其它科学的联系愈加深入和密切。图书馆学中的许多重大课题，只有和某些邻近的科学互相结合，才能做有效的研究，取得满意的成果。

一、图书馆学与图书学

图书学是一门研究图书的科学。图书学的研究内容，主要是图书发展的历史，编纂的方法，版刻的鉴别，流传的过程以及校勘、考订等等，几乎包括了图书的产生、出版、发行、利用、保存的各个方面，所以也可看成是一系列研究图书的学科的总称。图书馆学要研究图书馆工作如何通过图书来为读者服务的问题，所以和图书学有着非常紧密的关系。从这个观点出发，有人认为图书馆学是图书学的一个组成部分。

诚然，图书学与图书馆学的关系非常密切，但还不能看成是一种从属的关系，或者是全体与部分的关系。它们是一种交叉的关系，图书馆工作中表现为要广泛运用图书学的理论和方法。

二、图书馆学与目录学

我国目录学有着极其悠久的历史，研究领域相当广泛，几乎包括了关于图书的各个方面，并且还担负起剖析学术思想源流的任务。现在对这门科学的研究对象与内容，还存在许多不同的看法，但都不否定目录学要研究编制印刷品的索引、书目、述评的方式方法，以及如何查明、著录、揭示、评定各种印刷品出版物等等的问题。这就和图书馆学产生了千丝万缕的联系。由于图书馆工作的特点，在编制图书馆目录，书目，索引，以及揭示和推荐书刊资料等的活动中，都要广泛参考和运用目录学的理论与方法。另一方面，图书馆为目录学的研究成果提供实践场所，图书馆工作可以检验各种书目、索引在揭示藏书，检索文献，指导阅读等方面的作用。

目录学在一定程度上是伴随着图书馆工作的发展而发展的。图书馆学在发展过程中，则不断吸取目录学的研究成果来丰富自己。

三、图书馆学与情报学

情报学是一门新兴的科学。它大约在本世纪四十到五十年代，才作为一个独立的知识部门而产生。在推广科学技术的新成就，满足社会上情报交流的过程中，情报学的发展相当迅速，并开始奠定了理论和方法的初步基础。

大致说来，情报学是一门研究情报的性质、活动状态、支配情报流通的力量和处理情报的方法的科学。它是在广泛开展科学情报工作的基础上逐渐形成的。早期的科学情报工作与图书馆工作是结合在一起不可分的。甚至认为今天的情报工作是从图书馆工作脱胎而来的。所以，图书馆学与情报学有很多共同的基础，特别考虑到图书馆中拥有大量科学情报的文献来源——图书、期刊、特种文献、参考书、述评、文摘杂志、目录、书目、索引等等，并发挥着作为传递情报渠道的作用，就更加反映出图书馆学与情报学在理论和方法上的密切联系。

在科学技术突飞猛进的今天，社会对科学情报的需求日益高涨。图书馆学的发展如果不利用情报学中关于科学发展的规律性，科研和生产对情报服务的要求，情报工作过程的原理与方法等等的研究成果,就很难适应图书馆工作进一步发展的需要。考虑到某些性质的问题,例如读者对情报的要求,情报检索语言,国家情报系统的建立等等,图书馆学与情报学联合起来研究是比较适宜的。显然,图书馆学的研究成果,例如图书馆的社会作用,图书馆在现代情报系统中的地位,图书馆的类型,读者的种类,建立图书馆网的原则等等,都可以直接丰富情报学的内容。

四、图书馆学与教育学

教育学要研究对青年一代的教育。图书馆工作具有文化教育的性质,向广大读者进行教育,提高他们的文化水平是图书馆的职责。这样,图书馆学中势必要研究图书馆如何以自己的独特的方式方法来向读者进行教育的问题,而这种研究又必须以教育学的理论与方法为主要依据。这就是图书馆学与教育学互相联系的共同基础。现在,图书馆学与教育学的联系不断往纵深发展,主要反映在作为图书馆的教育过程的阅读指导工作上。这既是一个图书馆学的问题,同时又是一个教育学的问题,所以也是图书馆学与教育学的一个交接点、结合点,并由此产生出一个新的研究领域——阅读教育。有关阅读教育的研究,必将同时丰富图书馆学与教育学的内容。

五、图书馆学与心理学

心理学要研究人的心理规律,图书馆学要研究图书馆读者,要运用心理学的理论与方法来分析各种不同读者的心理状态,以便改进图书馆读者服务工作的质量。当前,对图书馆读者的心理研究着重在阅读心理方面,这也是图书馆学与心理学相结合而产生的新的研究领域。

除了以上各门科学之外,图书馆学还和社会学、档案学、管理科学等等有较密切的关系。

可见,图书馆学不是一门孤立的科学,它利用其它各门科学的成就和方法来促进自己的发展,同时也以自己的研究成果和实际材料去丰富其它各门科学。从这个角度讲,图书馆学是整个科学体系中不可缺少的组成部分,不仅对于发展图书馆事业,对于促进其它各门科学研究工作的发展也都具有重大的意义。

第四节　图书馆学的任务和方法

三十年来,我国图书馆学研究在马克思列宁主义毛泽东思想指导之下,取得了可喜的成绩。北京图书馆、科学院图书馆、上海图书馆和其它一些规模较大的公共、科学和高等院校图书馆,武汉大学图书馆学系和北京大学图书馆学系等教学单位,在图书馆学研究和干部培养方面,都起了积极的作用。

粉碎"四人帮"之后,我国社会主义革命和社会主义建设进入了一个新的历史时期。在实现"四化"的新长征进程中,图书馆事业的地位越来越重要,各行各业对它的要求也越来越迫切,需要加速提高图书馆学的科学研究水平和图书馆工作水平,才能和这种发展趋势相适应。一九七九年七月成立了中国图书馆学会,相继产生了各地方图书馆学会,编辑出版了中国图书馆学会会刊《图书馆学通讯》和许多地方图书馆学会会刊。这些活动推动了图书馆学研究工作更加广泛深入地发展。

从图书馆学的理论与图书馆实践的关系来看,没有图书馆的存在,就没有图书馆学的存在。图书馆学的理论与方法都是从图书馆工作的实践中总结和概括出来的,并又回到实践,指导实践,接受实践的检验。图书馆学与图书馆的这种辩证关系,决定了图书馆学的基本任务是:认识并掌握图书馆的客观规律,借以指导图书馆的实践。但是,在各个不同时期内,对图书馆学研究任务还有不同的具体要求。在今后相当长一段时期内，图书馆学研究要为"四化"做出贡献。所以我们认为强调下列各点是必要的：

第一，研究和总结建国以来图书馆事业发展的基本经验和教训，为我国图书馆事业的进一步发展提供理论根据。这些经验教训主要包括图书馆事业发展与社会经济、政治和文化的关系，图书馆网建设的规模与速度，以及如何合理组织图书馆事业的人力、财力和物力，图书馆工作的方针任务，清除"四人帮"在图书馆事业中的流毒等等。

第二，研究图书馆在社会主义现代化建设中的地位与作用，总结图书馆工作为"四化"服务的经验。

第三，研究和总结图书馆干部培养工作，提高图书馆干部队伍的质量，以适应图书馆事业发展和图书馆学研究工作的需要。

第四，研究图书馆的机械化和自动化，以适应社会上对图书馆工作的日益增长的要求。

机械化自动化是图书馆发展的主要趋势。我国当前还处在摸索阶段，和世界先进水平相比，还有相当大的差距。这在技术上是相当复杂的，理论上则要探索如何从目前以手工操作为主的方法，过渡到现代化新技术，新装备的应用。主要课题有：

1. 图书馆工作过程机械化、自动化的研究。其中包括电子计算机在图书馆工作中的应用。

2. 文献缩微与复印技术的研究。

3. 图书馆现代化建筑与设备的研究。

实现图书馆机械化与自动化，是一个综合性的问题，需要许多条件和因素，牵涉到思想、经济、技术、教育、管理等等方面，并且必须和传统手工操作方法的研究结合在一起。

我们所肩负的研究任务是很繁重的，在进行这项任务的过程中，要努力贯彻党的"百花齐放、百家争鸣"的方针，提倡不同流派和不同观点的自由讨论，最终达到繁荣我国图书馆事业和促进图书馆学研究工作的目的。

对待古代图书馆学遗产，要坚持"古为今用"的方针。历史为我们留下了一分丰厚的图书馆学遗产，过去还很少作过认真的整理和研究。我们遵循毛主席的教导，对待文化遗产要扬弃其糟粕，吸取其精华，继承和革新结合起来，使之为今天的图书馆事业服务。

我们也要向国外学习图书馆学的理论和方法，但要坚持"洋为中用"的方针。"自力更生"并不排斥引进国外先进科学技术。国外图书馆学理论和方法，有很多可供我们学习和利用的地方。由于林彪、"四人帮"极左路线的破坏和干扰，我国图书馆学研究已经落后于世界各工业发达国家，迫切需要我们急起直追，迎头赶上。但研究外国的图书馆学不能生搬硬套，要从我国的实际情况出发，并通过我们自己的咀嚼与消化，才能确实见效。

上述任务的完成，一定会使我国图书馆学的理论与方法大大充实起来，图书馆事业也将迈进一大步。在解决图书馆学的研究任务当中，研究方法问题被提到了一个十分重要的地位。

我们要坚持辩证唯物主义与历史唯物主义，它是图书馆学的方法论基础。离开了辩证唯物主义和历史唯物主义的基本观点和方法，就要陷入唯心主义与形而上学的泥坑，我们就不能找到图书馆事业发展的客观规律，不能正确认识图书馆在社会生活中，在政治、经济和文化建设中的地位与作用，也就不能对图书馆工作经验作出科学的、合乎实际的分析。

坚持辩证唯物主义和历史唯物主义，就是从客观实际出发，理论与实际一致的研究方法。首先要通过调查研究，掌握图书馆事业中的实际情况，进而就图书馆事业中所发生的各种现象进行分析，查明工作成败的条件和因素，条件和成败的因果关系，以及各种条件之间的相互关系，从中总结出具体经验和发现其规律。其次要做精密细致的统计工作。数据是客观情况的一种反映，是我们分析研究客观情况，制定方针任务的一种依据。不以实际调查统计得来的材料和数据为基础，所谓的理论和方法，不是无的放矢，就是空洞无用。还要重视总结与实验。对每一工作阶段都要进行总结，开展社会实践，通过实践来检验我们的理论与方法是否正确。

最后，我们要自觉地掌握科学之间互相联系和互相促进的客观规律，来为我们的研究工作服务。我们要充分引进和运用其它各门科学的方法来研究图书馆学。其中要特别注意运用图书馆学相关科学的方法，以及在各门科学中都得到广泛应用的数学方法。这样做，就能大大加快我国图书馆学的发展速度。

如上所述，图书馆学具有自己的研究对象，研究内容，研究任务和研究方法，所以是一门完整的科学。由于它以图书馆事业为研究对象，而图书馆事业是一种人类社会现象，所以它是一门社会科学。

参考书目

1.《图书馆学概论》 北京大学图书馆学系编 1978 年

2.《什么是图书馆学》 刘国钧 《中国科学院图书馆通讯》 1957 年第 1 期

3.《我国图书馆学的对象和内容管见》 周文骏 《学术月刊》 1957 年 9 月

4.《对图书馆学研究对象的初步探讨》 曾浚一 中国图书馆学会第一次科学讨论会论文

第二章 图书馆的性质和职能

什么是图书馆,图书馆是什么性质的机构? 这个问题有各种各样的解释。

按照《英国百科全书》中图书馆一词的解释:图书馆意思是很多书收藏在一起,这些书是为了阅读、研究或参考用的。

法国《大拉鲁斯百科全书》中图书馆一词认为:图书馆的任务是保存用各种不同文字写成的、用多种方式表达的人类思想资料,……图书馆收藏各种类别的、组织起来的图书资料,这些资料用于学习、研究或一般情报。

日本《広辞苑》解释:图书馆是搜集、保管大量书籍,供公众阅览的设施。

根据《苏联大百科全书》的解释:图书馆是组织社会利用出版物的文化教育和科学辅助机关。图书馆系统地从事搜集、保藏、宣传和向读者借阅出版物,以及进行图书情报工作。

上述解释虽各有不同,但有两个基本观点是一致的,即:图书馆是收藏图书的地方;图书馆收藏的图书是供借阅使用的。

我们认为:图书馆是搜集、整理、保管、传播和利用图书情报资料,为一定社会的政治、经济服务的科学、教育、文化机构。

从图书馆事业发展的全部历史来看,图书馆的存在和发展,取决于人类生产斗争和阶级斗争的需要,并受一定社会的政治、经济、文化所制约。因此,在阶级社会中,图书馆具有一定的阶级性。

为了进一步了解图书馆的性质和职能，我们先从图书馆事业的发生、发展做一些探讨。

第一节　图书馆的产生和发展

一、中国图书馆的产生和发展

我国古代藏书事业的发祥要追溯到很远的历史。奴隶社会的殷商时代，距今约三千五百多年前，已有了甲骨文字。据《尚书·多士》记载："惟殷先人，有册有典。"这里所指的典、册，就是殷代的史料。

据文献记载，周朝已有藏书机构——"藏室"，而老子，就是"守藏室之史"（《史记·老子韩非列传》）。

春秋时代，诸子百家各立学说，私人著述逐渐增多。秦统一中国后，秦始皇在咸阳阿房宫曾设立藏书机构，并设有固定的职官——御史。这说明周、秦时代已有主管藏书的机构和官员。

汉初，萧何"收秦丞相御史律令图书藏之"（《汉书·萧何曾参传》）。萧何建造石渠阁，收藏得自秦国的典籍。可见，汉初也注意图书的搜集工作。汉武帝、成帝时，"建藏书之策，置写书之官，下及诸子传说，皆充秘府"（《隋书·经籍志》）。命陈农求遗书于天下，又命刘向、刘歆整理藏书，编成了一部我国最早的藏书目录——《七略》。它记录了从上古到汉代的图书。这是我国第一次大规模汇集和整理图书。《七略》奠定了我国目录学的基础，对后世图书分类、编目工作有很大影响。

魏、晋时期社会动乱，但图书收集、整理事业仍有推进。魏秘书郎郑默曾对皇家藏书进行了整理、校定，并编制了国家藏书目录《中经》，开创了图书分类上的"四分法"。

晋武帝时,秘书监荀勖在《中经》的基础上,重新编制了《中经新簿》,分书籍为甲、乙、丙、丁四部,从此四分法得以确立。

晋元帝时,著作郎李充造《四部目录》,确立了经、史、子、集四分法的体系,一直沿用了一千多年。

隋文帝统一中国后,曾下诏征求遗书,并派专使到各地搜访异本,散在民间的稀见图籍逐渐汇集。隋炀帝曾命秘书监将秘阁藏书进行过一次校勘和整理,又大力从事抄书工作,使东都的观文殿积聚了丰富的藏书。

唐代,随着经济的发展,图书数量大增,为唐代藏书事业的发展提供了物质基础。唐代管理图书的机构和官职日趋完善。藏书机关兼具校书的职能,在唐代尤为显著。设有秘书省总管其事,秘书监为主官,下设完整的机构和人员编制,以掌管图书,并大规模的进行校书工作。唐贞观时所修的《隋书经籍志》是我国现存的在《汉书艺文志》以后的第二部重要的图书目录。它记载了我国上古和中古时期的书籍发展情况,这是我国历史上又一次大规模的整理书籍。

唐以后,书院藏书得到了发展。开元期间设立的丽正书院、集贤书院,不仅是教育吏材的机构,也是藏书、校书的地方。因而藏书的使用范围扩大了。隋、唐以来,私家藏书也有较大的发展。

宋代不仅是雕版印刷的重要发展时代,而且还发明了活字印刷,刻书事业兴盛,因而进一步推动了藏书事业的发展。宋初的国家藏书机构有:史馆、昭文馆、集贤院。太平兴国三年,用三馆的藏书建立了崇文院。宋代官家藏书目录主要有:《崇文总目》、《中兴馆阁书目》。这是中国目录学史上较有影响的两部目录。

宋代私家藏书有较大的发展。在藏书与目录的编制上也为后代留下了宝贵的经验。著名的有尤袤的《遂初堂书目》,晁公武的《郡斋读书志》、陈振孙的《直斋书录解题》等。而程俱所写的《麟台故事》中,系统地研究了藏书事业。郑樵所著的《校雠略》则是著名的目录学著作。

明初,国家除接收元朝全部藏书运回南京外,又下诏求书。明的国家藏书机构是文渊阁。明代私人藏书很盛。据叶昌炽所著《藏书纪事诗》记载,明代著名的藏书家有四百二十七人。在这些藏书家中,有很多人不仅藏书,而且校书、刻书,在古代的藏书事业中占有一定的地位。如江苏毛子晋的汲古阁,藏书八万四千余册,他开设的刻书作坊,刻印了很多书籍。浙江范钦的天一阁,藏书七万余卷,对图书的保管极为重视,管理非常严密,其楼阁建筑亦颇有创造。明代的私人藏书目录以黄虞稷编的《千顷堂书目》较著名。祁承㸁所著的《澹生堂藏书约》,系统地总结了图书的收集、鉴别、整理、利用等各方面的经验。

清代的图书事业更加兴盛。康熙、乾隆年间,都曾下令求书。乾隆帝为编纂《四库全书》,从全国各地搜罗图书。这是我国图书又一次大汇集。《四库全书》收书三千四百六十一种,七万九千三百零九卷。共抄写了七部,分藏在文渊阁(北京紫禁城)、文津阁(热河避暑山庄)、文源阁(北京圆明园)、文溯阁(辽宁行宫)、文宗阁(江苏镇江金山寺)、文汇阁(扬州大观堂)、文澜阁(浙江杭州西湖行宫)。同时还编制了《四库全书总目提要》二百卷。

清代私人藏书极为盛行,据《藏书纪事诗》的不完全统计,清代著名的私人藏书家有四百九十七人。清代藏书家有关图书的保管、整理和流通的著述,如江苏常熟藏书家孙庆增的《藏书纪要》,这是我国全面论述藏书技术的第一本专著。浙江秀水藏书家曹溶的《流通古书约》是论述图书流通问题的著述。

总之,藏书楼从仅供帝王、大臣、公卿享用,发展到兼供社会上的学者、知识分子阅读,这期间经历了几千年的发展变化。但在封建社会,广大劳动人民不可能利用藏书楼的藏书。封建社会的藏书楼是将藏书严加禁锢,不对群众开放的。这是它落后的一面。然而在一定历史条件下,我国古代藏书事业为后世保存了文化典籍,它在推动当时的学术发展,促进古代文化繁荣上,也起了一定的积极作用。

鸦片战争以后,外国资本主义侵入,我国资本主义经济逐渐发展,封建文化日趋没落。清朝末年,沿袭了几千年的封建藏书楼已不适应新兴资产阶级的需要,逐渐趋于没落和解体。

中日甲午战争后,在维新派康有为、梁启超等人的大力倡议下,开始设立公共藏书楼(如浙江绍兴的古越藏书楼),孕育着近代图书馆的萌芽。清朝末年,由于西方资产阶级民主主义文化的影响,清朝政府在废科举、办学校的同时,1910年在北京设立了京师图书馆,各省也逐渐设立了省立图书馆,开始采用"图书馆"的名称,并公开开放。但这时图书馆的阅览对象限制很严,一般劳动人民享受不到利用图书馆的权利。

资产阶级民主派在革命进程中,利用了图书馆进行政治斗争。如1905年同盟会成立时,武昌创办了"圣公会阅览室",它成了组织与发动革命力量的宣传阵地。

辛亥革命后,蔡元培、鲁迅等在北京教育部工作期间曾致力于推进近代国家图书馆和通俗图书馆的建设工作。

"五四"新文化运动后,图书馆得到了较大的发展,改革了一些旧式图书馆,建立了许多新式图书馆。1925年成立了图书馆界的联合组织——中华图书馆协会。据1930年统计,全国有各种图书馆2935所。

民族资产阶级创办的一些近代图书馆,如上海商务印书馆的东方图书馆,申报流通图书馆等等,虽然有一定的局限性,但在促进图书馆为群众服务,传播科学文化知识,提高文化教育水平方面,起了良好的作用。

随着资产阶级学校教育的发展,学校图书馆,特别是高等学校图书馆,增长很快。藏书比较丰富的,有国立北京大学、清华大学、中山大学等的图书馆。在办馆方式上,高校图书馆受西方资产阶级图书馆的影响较深。

这一时期,对图书馆理论和技术的研究也有相当的进展。出现了许多论著和译文。主张把封建的藏书楼改造成为西方式的图书馆。同时编制了一些仿杜威的分类法,打破了传统的四部分类法的体系。

帝国主义入侵中国,也在我国开办了一些图书馆,有教会图书馆、学校图书馆等。如上海徐家汇天主堂藏书楼、南京金陵大学图书馆、燕京大学图书馆、美国新闻处图书馆以及日本在东北办的满铁图书馆等。

抗日战争期间,由于战争的破坏,国民党统治区的图书馆数量急剧下降。如1936年全国图书馆共有五千一百九十六所,抗战期间1938年下降到一千一百七十八所,至1943年全国图书馆仅有九百四十所。

在我党革命斗争的历史上,图书馆是用来作为团结人民、教育人民、鼓舞人民为争取国家独立、民族解放和人民革命事业的胜利而斗争的武器。

"五四"运动以后,中国的马克思主义者开始建立图书馆,促进图书馆事业的发展,为新民主主义革命各个时期的斗争服务。

李大钊和毛泽东同志不仅是我国最早接受和传播马克思主义的思想家、无产阶级的革命家,而且也是我党最早从事图书馆事业的先驱。1918年李大钊同志任北京大学图书馆主任(随后又被选为北京图书馆协会中文书记)。同年毛泽东同志来到北京大学图书馆工作。李大钊和毛泽东同志经常以图书馆为聚会的地方,研究马克思主义学说,传播新思想、新文化。1920年李大钊和邓中夏、瞿秋白等成立马克思主义研究会,附设了一个藏有比较丰富的马克思主义的中、西、日文图书杂志的图书馆(亢慕义斋图书馆),它成了传播马克思主义、提高青年革命觉悟的阵地。李大钊同志还对图书馆事业的发展和建设作过不少精辟的论述,强调图书馆的社会作用,关心图书馆专业人员的培养等。

1920年毛泽东同志在长沙展开革命活动时,创办了文化书社,附设有阅览室。1922年根据斗争的需要,毛泽东同志领导中共湘区委员会,在长沙创建了湖南青年图书馆。这个图书馆对湖南青年运动的开展起了组织和推动作用。中国共产党成立以后,1921年毛泽东同志创办了湖南自修大学,并且附设了一个藏书丰富的图书馆,收集了当时国内可能收集到的各种进步书刊和报纸。1923年,在广州农民运动讲习所里设立了一个阅览室。这些图书馆和阅览室,在宣传马克思列宁主义,提高革命干部和青年的政治理论水平,培养领导农民运动的革命领袖等方面,发挥了一定的作用。

周恩来同志在欧洲留学期间,曾积极筹建并亲手办理过留法支部的图书馆,为宣传马克思主义进行革命活动。早期的马克思主义者和党的卓越活动家,经常采用办书社、办图书馆的方式,作为进行革命宣传和鼓动工作的基地。

随着马克思列宁主义在中国的传播和中国工人运动的发展,党在组织和领导工人运动中,积极建立工人俱乐部,设置阅览室,运用图书报刊来宣传和解释党的政策,宣传反帝反封建,传播社会主义思想,提高工人的政治觉悟和科学文化水平。党对劳动人民利用图书馆极为重视,早在1919年李大钊同志就积极呼吁:"劳工聚集的地方,必须有适当的图书馆,书报社,专供人民在休息时间来阅览"(见李大钊:《劳动教育问题》)。1921年邓中夏同志创办的长辛店工人俱乐部及其阅览室,通过书刊活动在工人中间进行马列主义启蒙教育。1922年天津工人图书馆提出"以增进工人知识,促进工人觉悟为目的"作为办馆的宗旨;1922年唐山工人图书馆提出"以提高工人知识,联络工人感情为宗旨";1923年马氏通信图书馆宣言称:"我们只是被压迫阶级——无产阶级。……我们的目标,便是马克思主义,因为我们相信马氏学说,是改造社会底唯一工具……，所以把我们底工具——马氏书籍——来供给大家，组织这个马氏通信图书馆"；发展到1925年成为在党领导下的上海通信图书馆提出"旨意在使得无产者有得书看"的口号。这些图书馆，为党联系千百万劳动群众，组织无产阶级革命队伍，做了大量的工作。

在苏区和解放区，在党的领导下，开始建立真正人民的图书馆事业。

苏维埃工农民主政府成立不久，在江西瑞金建立了苏维埃中央图书馆，这是无产阶级政权下的第一个较大型的图书馆。在苏区的城乡还建立了许多民众图书馆。一般较大的党政机关，都设有图书馆和阅览室。

抗日战争时期，在革命根据地延安，虽然条件极其艰苦，但是还设立了几个规模较大的图书馆或图书资料室，如延安的中山图书馆，鲁迅图书馆，绥德的子洲图书馆三个公共图书馆。各个机关学校都有图书馆或资料室，如中共中央图书馆、《解放日报》社和新华总社的图书资料室以及马列学院、抗日军政大学、延安大学等图书馆。还有军队的随军图书馆以及深入基层的流动图书馆。由于各类型图书馆的建立和活动的广泛开展，1941年建立了延安图书馆协会。

在国民党统治区，我们党领导的蚂蚁图书馆、子民图书室，以及八路军办事处和《新华日报》社图书馆成为在国统区中向国民党法西斯政治、法西斯文化作斗争的有力工具。

总之，在党领导下的图书馆事业，不论是在早期工农革命运动中创建的图书馆，还是在国民党统治区，冲破敌人的迫害，利用合法斗争而建立的图书馆，以及在苏区、解放区建立起的人民图书馆，都是我们党向人民群众传播革命思想的强有力的武器。在新民主主义革命的进程中，积极动员广大群众，为推翻帝国主义、封建主义和官僚资本主义的反动统治，为建立新中国而斗争。

中华人民共和国建立后，在政治、经济、科学、技术、文化和教育各方面的发展，为我国图书馆事业的建设和发展提供了有利的条件。从此，我国图书馆事业进入了一个新的发展阶段。

二、世界图书馆的产生和发展

世界图书馆的产生和发展也有着悠久的历史。在古代灿烂的文化史中，图书馆占有一定的地位。一些古代文明发达的国家，很早以前就出现了图书馆。根据文献记载和考古发现，公元前七世纪中叶，亚述国王阿舒尔巴尼帕尔执政时期，在宫廷里就建立了图书馆。在古代埃及，存在为祭司服务的附属庙宇的图书馆。公元前四世纪，古希腊曾建立过规模很大的图书馆。在埃及托勒密王朝时期，建立在皇宫的亚历山大图书馆，建筑堂皇，藏书非常丰富。古希腊和罗马的图书馆，只限受过教育的奴隶主和祭司享用。古代藏书的地方，大都是学术的中心。

西欧中世纪初期，宗教思想取代了古希腊、古罗马的文化，文化成为宗教和贵族的专利品。图书馆通常附设在大的教堂之下。西欧的宫廷图书馆和许多设在寺院里的图书馆都是只供特权阶级享用的文化机构。在世界范围来看，这个时期的图书馆，首先是收藏文化珍品的地方。图书馆的主要任务，就是保存手稿和文化典籍。

资本主义的萌芽为图书馆事业的发展创造了新的条件。文艺复兴运动以后，由于资产阶级的思想影响日益扩大和经济上的产业革命，冲破了封建宗教的文化禁锢，图书馆从教堂中解脱出来，办到社会上，这是一大进步。

印刷术传入欧洲以后，促使图书馆的发展进入了新的时期，一些欧洲国家的图书馆数量不断增长。高等学校图书馆发展很快。著名的有牛津大学图书馆、剑桥大学图书馆、巴黎大学图书馆、布拉格大学图书馆等。

十七世纪以后，在许多国家建立了全国性的图书馆，如德国柏林皇家图书馆（1661 年）、英国伦敦不列颠博物院图书馆（1753 年）、美国华盛顿国会图书馆（1800 年）、布鲁塞尔王国图书馆（1837 年）等等。

十八世纪末的法国资产阶级革命，引起了西欧各国图书馆事业的蓬勃发展，促进了图书馆的普及。图书馆逐渐向读者开放，为读者利用。

十九世纪初，欧洲许多皇家图书馆相继公开；出现了私人图书馆。以后，许多国家逐渐建立公共图书馆。英国于 1850 年通过了建立公共图书馆的第一个法令。两年以后，在曼彻斯特开设了第一个根据法律建立的公共图书馆。美国在十九世纪初的数十年，各州开始建立图书馆。第一个比较大的按立法建立的公共图书馆，1854 年在波士顿开放。

随着生产的发展，要求劳动者掌握一定的科学文化知识和劳动技能，在这种条件下，群众性的图书馆事业得到了迅速的发展。十九世纪末、二十世纪初，英国、美国、瑞士都建立了较发达的公共图书馆系统。1900 年英国建立了三百个公共图书馆。1857 年曼彻斯特图书馆已设分馆，为远地的读者服务。这种作法随后为各地所仿效。1919 年公共图书馆开始扩大到农村地区。美国的州立图书馆逐渐地担负起对民众服务的任务。二十世纪三十年代期间，美国的公共图书馆已很普遍。在斯堪的那维亚的一些国家，以及瑞士等，二十世纪初，民众图书馆已有效地开展对读者的服务工作。这些国家的居民群众能够比较广泛地利用图书馆的藏书。

在国际无产阶级革命斗争的历史经验中，无产阶级掌握政权以后，需要建立人民的图书馆，为本阶级的利益服务。十九世纪三十——四十年代的英国宪章运动和 1871 年的巴黎公社，都先后有过设立民主图书馆的企图，但这些企图都没能实现。1917 年十月革命后，在列宁领导下，苏维埃政权建立了社会主义的图书馆，为无产阶级的图书馆事业开辟了道路。

世界各国图书馆事业的进步,推动了国际间图书馆事业的交流和合作。

十九世纪中叶提出的国际交换制度和编制各国的联合目录计划,在二十世纪三十年代开始实现。1920 年后,馆际互借成为读者服务的重要形式之一。1837 年英国博物院图书馆制定图书目录的著录规则,这是英美编目规则的一个起点。二十世纪初期,英美两国图协共同确立《英美编目条例》,同时产生了一些欧洲国家共同使用的《普鲁士条例》。二十世纪美国国会图书馆创始的编制印刷目录卡片的经验,在世界上传播很广,并成为国家图书馆的任务之一。

十九世纪七十年代成立了美国图书馆协会和英国图书馆协会。随后世界各国相继建立图书馆协会的组织。大多数协会都出版定期的专业刊物,介绍图书馆的业务活动情况,报导各国图书馆的动向。

图书馆协会也是组织标准化和实现图书馆间合作的有效机构。

本世纪中期以来,国际标准化组织颁布了一系列图书馆的业务标准,为一些国家开始实现的电子计算机跨国联机检索创造了良好的条件。

现在,世界上与图书馆工作有关的国际组织主要有:

联合国教育、科学、文化组织(简称联合国教科文组织)

这是联合国的专门机构之一,也是国际科学、教育、文化活动的组织者之一。它是在 1946 年 11 月 4 日成立的。

联合国教科文组织认为图书馆具有保存图书文化珍品,并向群众传播科学文化知识的任务。它对会员国图书馆事业的发展和图书馆设备的改进,必要时给予一定的经济援助。联合国教科文组织开展的有关图书情报的业务活动还有:国际资料的交流;文献工作;协作计划,包括派遣专家讲学,在各地举办各种类型的研讨会、进修班和培训班等。

国际图书馆协会联合会

它是国际非政府的图书馆员的组织。它成立于1927年。

其主要任务是:①促进图书馆学和目录学方面的研究和合作;②研究世界各国图书馆协会和目录学机构之间的国际合作并提出建议;③促进各会员国图书馆事业的发展。

国际图联下设:世界科学图书馆部、特种图书馆部、大众图书馆部、目录登记部、收藏与服务部、管理和技术部、教育和研究部、地区活动部等。各部的任务是开展和协调有关图书馆的业务活动。

国际图联和联合国教科文组织有咨询关系,并参与完成联合国教科文组织的计划。

今后,随着图书馆现代化技术的广泛利用,世界各国图书馆之间的国际交流和合作将会取得更大的进展。

第二节 图书馆的性质

从近代图书馆本身所具有的特殊性来看,图书馆具有社会性、科学性、教育性和服务性。

一、图书馆的社会性

图书馆作为人们共同使用图书财富的一种组织形式,它具有明显的社会性。

图书馆的社会性表现在:

1.图书是人类共同的精神财富

图书是人类智慧的结晶,图书里凝聚着古今中外千百万人的智慧所创造的知识,它们是人类共同的精神财富。

在科学技术迅速发展的今天,新的科学技术的传播和交流,很重要的一个途径是通过书刊资料来进行的。因此,任何一个国家或民族要想获得新的科技知识,掌握世界科技发展的动向、趋势和水平,就必须充分搜集足以反映国际科技先进水平的图书资料,善于学习和利用别人的先进科学技术成果,取人之长,补己之短,为我所用。从这个意义上来讲,人类社会的图书资源是可以相互利用,共同享用的。而现代化技术应用于图书情报工作中,特别是计算机与远距离文献资料传输技术的结合,为各国之间互相利用图书情报资料,共享人类的精神财富,创造了极为便利的条件。

2. 图书馆是组织人们共同使用图书的场所

共同使用图书馆藏书是在一定的历史条件下才实现的。在奴隶社会和封建社会中,图书被禁锢在藏书楼中,人民群众无法享用。到了近代,资本主义产生以后,才使得共同使用图书馆藏书成为可能。

当然,在不同的社会,图书馆共同使用藏书的目的各不相同。

在资本主义社会中,由于大工业的机器生产,需要劳动者具有掌握和运用机器生产的能力,具备起码的科学文化知识。所以资产阶级不能不让工人获得一定的科学技术知识。在这种情况下,资产阶级也需要使劳动者接受基础的教育,让广大群众利用图书馆。基于这一目的,资产阶级力求普及图书馆事业。正如克鲁普斯卡娅所说的:"资产阶级很快意识到,图书可以成为资产阶级影响群众很好的工具。他们似乎为了群众的利益,为下层阶级开办国家的、地区的和公共的等各种类型的图书馆。他们惯于这样地影响这些图书馆的成分,惯于这样的选择图书,以一定的方式使大量的藏书尽量影响读者,使这些读者成为资产阶级的驯服的奴仆。资产阶级特别重视这种铸造群众灵魂的'文化的'手段"。

随着社会的进步,科学技术的发展,资本主义国家的图书馆采用现代化的先进技术搜集和提供文献资料,其目的是为了大力促进科学技术的高度发展,使科学技术用来为垄断资产阶级获取最大限度的超额利润服务。图书馆是为维护资本主义社会制度服务的。

社会主义图书馆是全体人民的文化财富,为广大人民共同享用,是组织整个社会共同使用图书财富的文化设施。社会主义图书馆的社会性,是由无产阶级必须对整个社会进行教育,加速社会主义建设,为实现共产主义而奋斗的历史使命所决定的。社会主义图书馆应当更广泛地搜集、保藏和利用人类文明所创造的一切财富。因为要想建成共产主义,必须确切地了解和掌握人类全部发展过程中所创造的文化。

社会主义图书馆,要善于组织读者充分利用人类的文化遗产为社会主义革命和社会主义建设服务。要学习世界各国图书馆的先进技术和经验,用现代化的技术装备图书馆,使图书馆更好地为四个现代化服务。

综上所述,在认识图书馆的社会性时,应从社会性与阶级性的对立统一的关系来看待这一问题。

二、图书馆的科学性

图书馆工作是科学研究工作的重要组成部分。图书馆的科学性表现在:

1. 图书馆是开展科学研究工作的据点,是为科研提供文献资料的基地。

科学劳动具有明显的继承性。后一代人的研究,要以前一代人已经达到的终点为起点。同时代的人,还需要不断进行科学成果的交流。马克思说过,科学劳动是社会的一般劳动。"这种劳动部分地以今人的协作为条件,部分地又以对前人劳动的利用为条件"(《马克思恩格斯全集》中文版第 25 卷 120 页),这里所说的

30

"前人劳动"，包含着过去出版和累积的书刊资料中所反映的科学知识。"今人的协作"，其中一种特殊方式，就是图书情报工作。

任何科学研究都必须从收集、掌握、熟悉图书资料开始。掌握前人已经取得的成果，掌握国内外科学研究的现状，掌握相邻学科所提供的新的有利条件等有关文献资料，以便在前人研究成果的基础上，提出新问题，作出新概括，取得新发展，获得新结论。这就必须从记载已有科技成果的图书资料中，去学习、消化和掌握自己所需要的优秀成果，以开阔眼界，扩展思路，受到启示，并以此为起点去攀登新的科学技术高峰。所以，任何科学技术的发展都离不开图书资料，它是科学研究的基础，科学技术前进的阶梯，也是加速科学技术发展的重要因素。历史也完全证明，科研工作的开展和科研成果的取得，从来都离不开图书文献资料。

例如：马克思写作《资本论》时，曾在英国博物院图书馆查阅了有关的图书资料一千五百多种。

我国古代著名的历史著作《史记》、《资治通鉴》、《通志》、《文献通考》等，它们的编纂者司马迁、司马光、郑樵、马端临等人在编写过程中都程度不同地利用了当时著名的公私藏书。

十六世纪哥白尼创立了"日心说"，不仅是由于他进行了认真的天文观察，还由于他阅读了图书馆收藏的各种天文学和数学著作，利用了前人积累下来的丰富的天文观察资料，并据此进行了大量的数学计算和科学研究而写出《天体运行论》这一部划时代的著作。

现代科学技术的发展一日千里，十分迅速。世界上，全部科学目前已形成一个包括近二千个专业的体系，这个体系中的各门学科相互渗透、相互包含，导致文献资料的分散和重复现象严重。致使科研人员要花费大量的时间在查阅资料上。如果图书馆能够系统地搜集、整理文献资料，并以最快的速度传递和提供给科学研究工作者，节省他们用于查找资料的时间，使他们把力量集中用于科研工作上,为国家多出成果,早出成果,这无形中等于扩大了科研队伍,延长了科研工作者的寿命。搜集图书情报资料是科学研究的前期劳动,所以图书馆工作是科研工作的重要组成部分。

科学学认为,决定一个国家科学发展速度的,除了经济和政治的因素之外,就是本国社会的科学能力。社会的科学能力是由科学家队伍、实验技术装备系统、图书情报网络系统、科学劳动结构以及科学教育系统诸因素有机地结合起来的一种社会力量。图书情报网络系统对其它诸因素产生积极的影响。所以图书馆也是科学研究事业中不可缺少的重要组成部分,它直接促进科学的进步和发展。

总之,图书资料本身是科学研究的成果。图书馆为科学研究提供科技文献资料,是科学研究的前期工作。图书情报人员是科研人员的一部分。所以,就图书馆与科学事业的这些关系来看,充分体现了图书馆的科学性。

2.图书馆工作本身就是一项具有科学研究性质的工作。

图书馆的各项工作,包括对图书资料的收集、整理、保管、流通等,都需要精心地研究。如对书刊资料的分析研究和系统收藏;不同读者的阅读心理、服务特点和读者工作规律的研究;图书资料的科学管理和图书馆工作运用现代化手段的研究等等,这些都是图书馆学理论研究的课题和在实践工作中需要深入研究和总结的经验。只有不断地总结、研究,并按照客观规律办事,才能有效地开展图书馆工作。现代化图书馆事业,广泛应用电子计算机技术,使情报检索和图书管理自动化;应用光学记录技术,使图书情报资料存储缩微化;应用现代通讯技术,使信息传递网络化。为此,图书馆员除必须具备图书馆的专业知识,学习图书馆学、目录学、版本学、情报学、文献学及各门科学知识,掌握图书馆工作的技能和科学管理的方法,具备一定的外语水平外,还要进一步学会管理现代化图书馆的业务知识和技能,才能适应图书馆学术性的工作。所以,就探讨图书馆本身的工作规律来看,也体现了图书馆的科学性。

三、图书馆的教育性

图书馆具有传播知识,对读者进行教育,促进科学文化事业发展的特性。

李大钊同志很早就说过:"现在的图书馆已经不是藏书的地方,而为教育的机关。"(见:《在北京高等师范图书馆二周年纪念会的演说辞》)指明了图书馆的教育特性。

列宁把图书馆当作一种提高人民教育和文化的重要工具,认为图书馆可以成为全国最普及、仅次于学校的文化教育机关,可以成为社会主义教育的支柱。列宁认为:"图书馆和农村图书室,将在长时期里是对群众进行政治教育的主要场所和几乎是唯一的机关"(克鲁普斯卡娅:《列宁论图书馆工作》初版序言)。

图书馆的教育,其特点是:

1.图书馆是通过图书资料来传播文化知识的。

图书馆与其他教育机关不同,它的特点是利用自己所收藏的书刊资料向读者进行宣传教育。广大读者通过书刊资料的学习和利用,不断丰富自己的知识,提高自己的科学文化水平。

2.图书馆是群众自学和深造的场所。

图书馆的教育不同于学校,学校是在确定的年限,对确定的对象进行教育。而图书馆可以使读者离开学校以后,还能深化、扩大自己的知识。一边工作,一边在图书馆进行自学、进修,借助图书馆的丰富藏书,参考工具资料及各种有利的条件,提高自学的能力,通过自学来获得新知识、研究新问题。克鲁普斯卡娅说过:"群众对知识的要求是那么迫切,以至于任何学校都无力满足热望学习的成年人的要求,因此,自修的问题就被提到了首要的地位,通过图书馆把居民需要的书籍送到群众中去的工作就具有特殊的意义"（克鲁普斯卡娅:《列宁论图书馆工作》第三版序言）。特别是科学技术迅速发展的今天,新的科学技术不断涌现,已有的科学技术知识不断被新的所取代。在这种形势下,人们学过的科技知识会很快地过时,必须不断地学习新知识、新技术。因此,不仅青年人要学习,成年人和老年人也需要不断地学习。而图书馆是各种人都可以长期地用来接受教育的一种形式。

3. 图书馆教育对象和教育内容的广泛性。

社会各阶层的群众,从专家、学者、工程技术人员到学校学生和少年儿童,只要具备一定的阅读条件,都可以成为图书馆的读者,所以图书馆的教育对象是整个社会的广大群众。

就教育内容而言,图书馆的藏书包括了各个知识门类,涉及的范围极为广泛。图书馆读者的需要多种多样,必须适应各种读者在掌握基础知识,开展科学研究和进行社会实践等方面的不同需要。图书馆要根据所担负的任务,确定的读者对象来组织藏书,开展宣传图书,指导阅读工作。利用图书和各种视听资料,开展内容广泛、形式多样的教育活动。图书馆必须遵循教育规律开展读者工作,才能完成自己的教育任务。

由此可见,图书馆在整个社会教育中占有重要的地位,它对科学文化事业的发展,对于推动社会的文明与进步有很大的作用。

四、图书馆的服务性

图书馆是利用藏书来为读者服务的。从这个意义上讲,图书馆是服务性的机构。图书馆服务性的特点在于:它是利用图书作工具,通过对书刊资料的推荐、宣传和提供来满足读者在学习、社会实践和研究工作中的需要,它是为传递科学情报和传播文化知识服务的。所以图书馆是社会文化教育的服务性机构,又是辅助科学研究的服务性机构。

图书馆服务工作的实质是"为书找人"和"为人找书"。因此图书馆员应该熟悉科学知识、熟悉图书文献、熟悉读者。要根据不同读者的情况和实际需要，做好有区别的服务工作。

图书馆的服务性要求图书馆员必须做到：

1. 树立革命的服务思想。周总理教导我们：图书馆工作是个很重要的工作。希望创造一个好办法，理论联系实际，真正为人民服务。

图书馆员每天要接触成千上万的读者，首先要树立全心全意为读者服务的思想，以满腔的革命热情和高度的革命责任感对待图书馆工作。要充分认识到自己所从事的事业是一项关系到提高全民族科学文化水平，为我国早日实现四个现代化的宏伟目标服务的光荣事业。为此，就需要在自己的工作岗位上勤勤恳恳，埋头苦干，为读者当好勤务员。在为祖国实现四个现代化新的长征途中，甘愿为宏伟的建设事业搭桥、铺路。

2. 发扬优良的服务新风。图书馆员为读者服务要发扬高尚的共产主义道德品质和革命风格。急读者之所急、想读者之所想。对待工作极端负责，不怕艰苦，不嫌麻烦，勇于实践，克服困难，千方百计为读者提供学习、生产、科研工作中所必需的图书资料。对待读者，极端热情，主动关心，积极服务，做读者学习中的助手和顾问。使图书馆成为读者理想的学习场所。

3. 掌握熟练的服务技能。时间对于加速赶超世界先进水平、攀登科学高峰的人来说是十分宝贵的。图书馆员必须珍惜读者的分分秒秒，迅速准确地、主动积极地为读者提供图书资料。为此馆员应该勤学苦练、刻苦钻研，随着形势的发展和科学技术的进步，努力学习新知识，掌握图书馆员的基本功，精通本行业务，不断提高服务质量，为党的图书馆事业贡献一切力量。

第三节　图书馆的职能

根据图书馆的性质,对图书馆的社会职能可以概括为以下几个方面。

一、传递科学情报的职能

图书馆收藏着大量科学文献资料,它是汇集科技最新成就的情报基地,也是组织利用世界图书文献的基地。图书馆应当积极传递、广泛利用这些文献资料,使之为加速实现我国四个现代化服务。图书馆进行科学情报的传递工作,不仅为科学研究提供所需要的图书资料,而且还传播最新的科学知识和科研成果,报导国内和国际上科学研究的现状和发展动向,帮助科学工作者掌握世界上科学的先进水平和进展趋势,以便确定研究的方向。也能够为领导机关制订科学研究或其他方面的规划或政策提供必要的资料。所以图书馆通过文献资料的传递和广泛地交流科学情报,在科学研究中发挥着"耳目"、"尖兵"、"参谋"的作用。

从当代世界各国的实际情况来看,经济发展的速度和劳动生产率的提高,与科学技术的发展有直接的关系。而图书资料是交流和获得新技术的一条重要途径,蕴藏在图书资料里的丰富材料,是发展国民经济的重要资源。因此,当代世界工业发达国家都高度重视图书情报工作,把它作为一种"国家资源","无形的财富",与能源、材料并列,作为发展科学技术的三大支柱。并且用最新的技术和最现代化的手段装备图书馆。基于这一认识,人们认为充分发掘和利用图书情报资源如同开采自然资源一样,具有同等重要的意义。

所以,图书馆积极地报导、推荐、宣传和提供各种图书情报资料,采用现代化手段加快文献资料的传递速度,不断提高传递的效果,这对于促进科学技术的发展,推动四个现代化建设,具有重要的作用,并且越来越显示出它的巨大意义。

二、提高科学文化水平的职能

当代科学技术的发展速度是惊人的。近一百多年来,科学技术的发明与发展,比过去两千年的总和还要多。现阶段的生产发展,现代自动化机器体系,不仅在更大程度上代替了人的体力劳动,而且部分地代替了人的脑力劳动。在这种情况下,只有不断提高人们的智慧、不断提高群众的科学文化水平,才能适应现代化科学技术发展的需要,才能促进人类社会的进步。

今天,我们社会主义祖国正朝着四个现代化的目标进行新的长征,现代化的生产正向着高度的机械化、自动化、电气化、化学化的方向迈进。现代生产的发展,客观上要求提高劳动者的现代科学技术水平,没有一支训练有素的、掌握现代科学技术知识的劳动大军,要达到国民经济的现代化是不可能的。列宁把提高人民的现代教育水平看作是过渡到共产主义社会的必要条件之一,强调指出:"只有受了现代教育,他们才能建立共产主义社会,如果不受这样的教育,共产主义仍然不过是一种愿望而已。"(《列宁全集》中文版第 31 卷第 256 页)

要在我国实现四个现代化,就一定要极大地提高整个民族的科学文化水平,这是一项重大的战略部署,不仅反映了广大群众的迫切愿望,也反映了社会发展的客观要求。我们必须充分认识这一点。

发展我国的国民经济,很大程度依赖于人们掌握科技知识的深度。使广大群众逐渐具有较高的文化科学知识和技术本领,是加速实现四个现代化的切实保证。

图书馆组织广大群众阅读图书,系统地使用文献资料,帮助读者提高文化,形成科学的世界观,掌握专业知识和现代科学技术的新成就,以便探索自然的奥秘,攀登科学技术的高峰,为社会主义革命和建设事业服务。所以,图书馆具有提高人民群众的科学文化水平的职能。

图书馆在丰富群众的业余文化生活上也占有重要的地位。通过流通宣传、辅导阅读优秀的文学艺术作品及其它书刊,培养读者共产主义道德品质,陶冶性情,锻炼意志,形成良好的社会情操。这也是社会主义图书馆的重要职责。

三、思想教育的职能

图书馆是对群众进行政治思想教育的宣传阵地,是传播社会思想意识的有力武器。

在不同的社会中,图书馆对读者进行的思想教育,在目的、内容上,有本质的区别。它反映了一定阶级的意志和愿望,是为一定的政治制度服务的。

在革命的进程中,图书馆在提高人民群众的思想觉悟、道德品质以及精神面貌等方面做过许多工作。所以,通过各种优秀图书的借阅、辅导,会对读者的政治思想产生积极的教育效果。图书馆实际上是个思想教育机构。图书馆是对广大群众进行社会主义、共产主义教育的重要阵地。

民主革命时期,无产阶级利用图书馆传播先进的政治思想和社会意识,以社会发展规律的科学知识武装读者,充分发挥图书馆的思想教育作用,团结群众、动员群众自觉地投身于政治斗争,参加革命活动,为争取无产阶级革命事业的彻底胜利而斗争。

社会主义革命和社会主义建设时期,各类型图书馆,特别是基层图书馆,通过书刊资料的流通和宣传,在读者中广泛宣传马列主义、毛泽东思想,宣传党的纲领、路线、方针、政策;宣传辩证唯物主义和历史唯物主义的世界观;提高读者的社会主义和共产主义思想觉悟,鼓舞群众,以高度的热情从事积极的、创造性的劳动,努力完成党在各个时期所提出的政治、经济和科学文化的任务。

今天,在实现四个现代化的历史新时期中,图书馆将继续担负政治思想教育的重要职责。图书馆的思想教育过程与国家的经济建设之间,存在着有机的联系。图书馆作为党的思想宣传工具、社会科学文化教育机构,应当围绕着实现四个现代化这一中心任务来开展全部活动。教育群众为把我国建成现代化的社会主义强国而努力奋斗。

四、保存图书文化遗产的职能

产生文字以来的全部图书资料,记载着自古至今人类历史的发展和演变,记载着人们征服自然界的手段和进程。人类借助于图书资料这一物质形态的精神财富,继承着前人在实践中积累的丰富知识。图书资料是帮助人们认识世界、改造世界的珍贵的文化遗产。

图书馆是作为保存各民族文化财富的机构而存在的,只有图书馆最广泛、最完全地保存着记载人类活动和知识的文化典籍。世界各国一些历史悠久的大型图书馆,成为保存人类图书文化遗产的宝库。

有些国家专门制定了保护图书文化遗产的政策法令。保护图书财富成了图书馆必须对国家负责的社会职能。

为了保证图书馆能完整地搜集图书资料,有些国家特别为某些大型图书馆规定了图书出版物的呈缴本制度。

尤其是国家图书馆,在保存文化遗产上,占有特殊重要地位,发挥着中心的作用。

所以图书馆需要经常地搜集、积累、妥善地整理、保存本国的以及其他国家的文化典籍、革命文献、地方文献、科学著作,以及一切有价值的图书资料,使人类文化遗产能够永久被人利用。

保存人类文化遗产是图书馆的特有职能。

参考书目

1.《图书馆学概论》 北京大学图书馆学系编 1978 年

2.《中国图书馆事业史》 武汉大学图书馆学系编 1962 年

3.《中国近代现代图书馆史》 北京大学图书馆学系编 1960 年

4.《普通图书馆学》（俄文版） O. C. 丘巴梁著 1976 年

5.《充分重视图书馆在四化建设中的地位和作用》 1979 年 11 月 24 日光明日报评论员文章

第三章 我国图书馆事业建设

第一节 新中国图书馆事业概况

一、新中国图书馆事业的发展

一九四九年中华人民共和国的成立,揭开了我国历史发展的新纪元。千百年流传下来的图书馆的丰富资源,在社会主义制度下得到继承、改造和利用,使它重新回到人民的手中,成为社会主义的科学、教育、文化事业的组成部分。

旧中国的图书馆事业,经历了漫长的发展时期,虽然有一定基础,但由于经济、文化的落后,社会制度的腐败,因此,基础薄弱,发展缓慢,数量少,规模小,不为社会重视,非常落后。

新中国建立后的三十多年,图书馆事业尽管出现过许多曲折,特别是林彪、"四人帮"的十年浩劫,但总的趋势是向前的,在数量、规模、速度以及质量等等方面,都得到了一定的发展和提高,是旧中国所不能比拟的。事实表明,新中国图书馆事业在三十年的发展中,取得了很大成绩,出现了崭新的面貌。

1. 发展了各类型图书馆,建立了比较完整的图书馆系统

为了彻底改变旧中国图书馆事业的落后状态,党和国家采取了一系列措施,在改造旧馆的同时,积极发展新馆。在类型上,公共、科学、教育、工会、农村、街道、部队等各系统图书馆(室)全面

发展;在规模上,大、中、小型图书馆同时并举;在数量和发展速度上,全国图书馆无论就总数量,还是就各类型图书馆的数量,以及藏书与干部的数量,都有大幅度的增长;在分布上,注意在全国范围内各民族,各地区,城市与农村,内地与边疆,全面发展,合理布局。现在各个民族、各个地区、各个系统图书馆星罗棋布,初步形成了比较完整的全国规模的图书馆系统。

建国初期,全国只有图书馆三百九十一所,经过三十年,有很大的发展。解放前旧中国公共图书馆只有五十五所,到 1979 年底,全国县以上的公共图书馆已有一千六百五十一所。科学与专业图书馆发展迅速,初步形成了各自的体系。中国科学院图书馆、中国医学科学院图书馆、中国农业科学院图书馆、全国地质图书馆以及其他全国性的专业图书馆都已发展成为各系统的中心图书馆。例如,中国科学院系统图书馆,包括院馆、各地分院图书馆、各研究所图书馆(室),绝大多数是建国以后新建起来的。1950 年全系统仅有图书馆十七所,藏书六十三万册,1979 年已发展到一百五十多个图书馆,藏书总量超过一千万册。高等院校图书馆 1950年只有一百三十三所,藏书总量七百九十万册,而 1978 年已增至八百四十一所,藏书总量在一百万册以上的图书馆就有三十五所。此外,农村、街道、部队等基层图书馆(室),都是从无到有地发展起来的,使图书馆事业在全体人民群众中逐渐得到普及。

2. 组织图书馆网,广泛开展协作协调活动

一九五六年党提出向科学进军的号召以后,全国各类型图书馆加强了为科学研究服务的工作。1957 年国务院批发了《全国图书协调方案》,并在国务院科学规划委员会下成立了图书小组,负责全国图书馆的协调工作。根据《全国图书协调方案》,建立了全国性和地区性的中心图书馆委员会。通过协作和辅导方式,将各地区、各系统的不同类型图书馆组织起来,初步形成了纵横交错的图书馆事业协作网。虽然各地区、各系统的图书馆网发展还不平

衡,但是已经积累了经验,创造了条件,奠定了初步基础。全国性、地区性和系统性的图书馆协作组织,开展了各种协作、协调活动和业务辅导活动,包括外文书刊采购协调、图书调拨、馆际互借、集中编目、编制联合目录、业务交流、培训干部,以及系统与地区图书馆之间的业务辅导工作,都取得了可喜的成绩,初步显示了社会主义制度的优越性。

3. 图书馆干部队伍正在壮大

随着社会主义图书馆事业的发展,图书馆干部队伍正在成长壮大起来。现在全国各类型图书馆的专职干部约在十万人以上。而各类型基层图书馆的兼职和业余干部队伍,数量更为庞大。据统计,省市以上公共图书馆,科学与专业图书馆和高等学校图书馆的工作人员,具有大学文化程度的约占40%。当然,我国图书馆干部队伍的数量和质量,还远远不能适应图书馆事业发展的需要。这种状况引起了图书馆界的普遍重视,并采取积极措施培训干部。预计,随着图书馆专业教育和业余教育的发展,全国图书馆干部队伍的数量和质量将会更加迅速提高。

4. 图书馆学教育稳步发展,图书馆学研究逐步深入

建国三十年来,图书馆专业教育有一定发展。除北京大学和武汉大学图书馆学系以外,西南师范学院、吉林师范大学、北京文化学院、中国科技大学都曾办过图书馆学专业。一九七八年以来,全国各地有十多所高等学校设立图书馆学专业,在校学生达千人以上。建国以来,在图书馆学专业毕业的本科生,进修生以及函授生,有数千人之多。专职和业余干部的培养提高主要是通过短期训练和业余教育进行的。今后,图书馆学本科教育、函授教育、业余教育以及各种形式的短期培训,将会有一个新的发展。

建国以来,图书馆学研究不断发展、提高,已初步建立了一个比较完整的学科体系。在基础理论方面,以马列主义、毛泽东思想为指导,对图书馆的性质、任务、建设原理、组织管理、工作特点及

发展规律等进行了研究。在应用理论方面，对丰富的业务实践经验进行了多方面的总结；对图书分类、图书馆藏书、图书馆目录、读者工作等，分别进行了深入具体的研究，先后编译出版了十多部新型图书分类法和一批专著及教科书。在图书馆的现代技术方面，如电子计算机在图书馆的应用，文献缩微与复制技术，声像技术以及现代化设备等方面，进行了初步的研究、试验，为实现我国图书馆的现代化迈出了第一步。1979 年，中国图书馆学会和各省市自治区图书馆学会成立期间，开展了大规模的学术讨论活动，交流了数千篇科学论文，反映了图书馆学、目录学、版本学、文献学、情报学等各个学科领域的研究成果，对推动图书馆学理论研究，促进图书馆事业的发展起了很大的作用。

二、我国图书馆事业建设原则

解放后，我国图书馆事业的发展有成功的经验和失败的教训。从正反两方面的经验中可总结出一些建设图书馆事业的原则。这些原则是：

1. 图书馆事业建设应与国民经济和科学文化教育事业的发展水平相适应

根据经济基础和上层建筑相互关系的原理，图书馆事业的发展是由经济发展的水平所制约。经济的发展水平是影响图书馆事业发展水平的决定性的条件。只有经济发展了，才能为图书馆事业的发展提供物质条件。其次，图书馆事业作为文化教育事业的一部分，它又由整个科学文化教育事业的发展水平所决定。只有整个科学文化教育事业发展了，才能促进图书馆事业的进一步发展。

为了使图书馆事业与经济和科学文化教育事业的发展水平相适应，就必须根据发展的需要和客观的可能条件来安排图书馆事业的建设规划，正确处理需要与可能的关系，反对冒进和保守两种倾向,这两种倾向都会给图书馆事业的发展带来严重后果。例如,解放后,在第一个五年计划期间,我国图书馆事业所出现的稳步发展的局面,就是贯彻这一原则的结果。

2. 国家办馆和群众办馆相结合

国家办馆和群众办馆相结合就是发挥国家和集体两个积极性来促进图书馆事业的发展。为什么必须贯彻两个相结合的原则?一是因为我国是社会主义国家,经济和文化建设是有计划进行的。国家举办图书馆事业是发展文化事业的一部分,因此,国家需要把发展图书馆事业纳入整个文化事业的发展规划之中。二是因为我国地域辽阔,人口众多,底子薄,要完全依靠国家办馆来满足广大群众对图书资料的需要,在相当长的时间内还难于做到。因此,必须依靠集体的力量和群众的积极性,大量兴办小型多样、方便群众利用的基层图书馆(室)来满足广大群众的文化需要。

国家办馆是国家图书馆事业的重要组成部分,是核心和骨干力量。

群众办馆是指依靠集体经济力量而开办的图书馆(室),如街道、民办工厂、农村人民公社图书馆(室)等。它们是我国图书馆事业不可缺少的部分,直接服务于基层,在普及科学文化知识方面起着重要作用。群众办馆一定要坚持业余自愿、小型多样和勤俭节约。只有不脱离生产、不脱离群众才能使群众办馆长期坚持和巩固下来。

国家办馆和群众办馆相结合还要求国家举办的图书馆,特别是县以上的公共图书馆对民办图书馆给以各方面的支援,尤其是要加强业务辅导,扶持民办图书馆事业的发展。解放后,我国基层图书馆(室)的大量发展,就是坚持这一原则所取得的重要成绩。

3. 全面规划,统筹安排,分工协作,密切联系

这一原则一方面要求对全国的图书馆事业作出全面规划、合理布局、统筹安排,使其有计划地发展;另一方面,要求把各个图书

馆组织起来,进行分工,有计划地开展协作和协调活动,以使有限的图书资源得到最有效和最合理的利用。建立一个统一的图书馆网将是实现这一要求的有效途径。

贯彻全面规划、统筹安排、分工协作、密切联系的原则,应努力做到以下几点:一是合理布局,平衡发展。要积极安排内地、边疆和少数民族地区和广大农村地区图书馆事业的发展。二是大中小型相结合,并保证重点图书馆的建设,使它们成为在藏书、设备和干部等方面都达到先进水平的榜样,发挥它们对图书馆事业现代化建设的促进作用。三是搞好协作活动的组织工作和业务辅导。

4. 加强党对图书馆事业的领导

党的领导在图书馆事业建设中是一条必须坚持的基本原则。我国图书馆事业三十年的历程深刻说明,没有党的领导,图书馆事业就不可能前进。加强党的领导是图书馆事业建设取得胜利的根本保证。

我国的社会主义革命和建设已进入一个新的历史时期。这个时期的总任务就是实现农业、工业、国防和科学技术的现代化。党的十一届三中全会决定把全党工作的着重点转移到社会主义现代化建设上来。从而也就要求图书馆事业建设和图书馆工作的着重点也必须转移到为社会主义现代化建设服务的轨道上来。

三、我国图书馆的类型

1. 划分类型的意义

解放后,我国图书馆的类型不断增加。每一种类型的产生和发展都有着它自身的特点。研究各类型图书馆的目的,正是为了促进图书馆事业建设。其意义就在于:

第一,掌握不同类型图书馆的不同特点和它的发展规律。不同类型图书馆的不同特点决定了它所具有的不同的社会职能,而这种社会职能又通过它所担负的具体任务和具体的业务活动体现出来。所以,研究图书馆的类型划分,有助于把握某一类型图书馆的特点,以便能够从读者的阅读需要、藏书和目录组织、读者服务工作以及组织管理等方面来科学地制定各类型图书馆的具体工作方针和任务,充分发挥各类型图书馆的作用。

第二,有利于从全国或一个地区范围内对图书馆事业的发展作好全面规划和统筹安排。发展各种类型的图书馆,组成为科学研究和广大群众服务的图书馆网是今后一个时期我国图书馆事业建设的重大任务。要努力做到图书馆类型多样、布局合理,就必须深入研究国内外图书馆类型、特点和发展的规律性。这是发展我国图书馆事业的一项重要工作。所以,研究图书馆的类型划分有着现实意义。

2. 图书馆类型的划分

根据不同的标准来划分图书馆就会有不同的类型。一般有以下一些标准:

一是按主管部门和领导系统分,有:①文化系统的公共图书馆——包括国家图书馆;省、市、自治区图书馆;区、县(市)图书馆及文化馆图书室等。②教育系统的学校图书馆——高等学校、专科学校图书馆;中小学图书馆(室)。③科学院系统的科学图书馆——科学院及其分院图书馆、研究所图书馆(室)等。④工会系统的工会图书馆——厂、矿、企业等所属工会图书馆(室)。⑤军事系统的图书馆——军事领导机关、军事院校、军事研究院(所)图书馆;连队图书室等。⑥工矿企业的技术图书馆。⑦政府系统的专业图书馆——政府部门或机关、团体图书馆;部属研究院(所)图书馆(室)等。

二是按藏书范围划分,有:①综合性图书馆——包括公共图书馆、综合性大学图书馆、科学院和分院图书馆、工会图书馆等。②多科性科学技术图书馆——包括多学科的文、理科院校图书馆,厂矿企业的技术图书馆等。③专科图书馆——科学研究所图书馆,高等学校的系、科(研究所)图书馆(室)等。

三是按读者对象分,有:①儿童图书馆(室)。②青年图书馆。③盲人图书馆(室)。④少数民族图书馆。⑤普通图书馆。

四是按主要任务分,有:①科学图书馆。②大众图书馆。

在我国,主要采用按主管部门和领导系统来划分图书馆的类型。因此,我国往往将图书馆分成公共图书馆、学校图书馆、科学图书馆、专业图书馆、技术图书馆、工会图书馆、军事图书馆和儿童图书馆等几个主要类型。

第二节　公共图书馆

公共图书馆是面向社会和公众开放的图书馆。它是图书馆的重要类型。公共图书馆的出现是古代图书馆演变到近代图书馆的一个重要标志。

解放后,我国公共图书馆有较快的发展,截止 1979 年底,全国有县以上的公共图书馆一千六百五十一所,初步形成了一个从上到下的公共图书馆系统。

我国的公共图书馆是按行政区划建立的,属各地文化部门领导。公共图书馆一般都建在政治和文化中心所在地。我国的国家图书馆;省、市、自治区图书馆;区、县(市)图书馆和文化馆所属的图书室都属于公共图书馆系统。

一、国家图书馆

国家图书馆,是由国家举办的面向全国的中心图书馆。在国际图书馆界,国家图书馆有多种类型:有公共性的中央图书馆,有政府性的国会图书馆,有研究性的科学与专业图书馆,有教育性的高等学校图书馆。

国家图书馆代表一个国家图书馆事业的发展水平。同其他图书馆相比较,它的规模最大,藏书最丰富,干部条件、设备条件以及各项工作都应当具有先进水平,成为整个图书馆界的表率。国家图书馆在全国图书馆事业中的重要地位和作用,主要表现在几个方面:

1.它是图书馆资源和互借中心。对本国的正式出版物要求全面系统入藏。主要通过缴送本制度的保证,全面接收全国各出版社出版的图书、期刊和报纸。对于缺藏的国内书刊,要千方百计地尽全收齐,成为名符其实的国家书库。对于国外出版物,根据本馆的方针、任务,同有关图书馆适当分工,有重点、有选择地采选有关外文书刊资料。国家图书馆应成为国内国际互借中心和国内查找文献资料的基地。

2.它是国家书目中心。它以完备的藏书为基础,编制国家书目、回溯性书目,组织集中编目,发行统一编目卡片,制订标准化的编目条例,同时组织编印全国性联合目录,变馆藏为国藏,实现资源共享的功能。

3.它是图书馆技术现代化和组织网络化的枢纽。国家图书馆有责任组织图书馆现代技术装备的研究、试验、应用和推广工作,开展全国图书馆网络化的设计、组织和协调工作。它在推动图书馆实现现代化中应起中心和枢纽的作用。

4.它是图书馆学研究的基地。国家图书馆应为图书馆学理论的研究广泛收集、编辑和提供国内外的情报资料。同时,还要出版刊物,组织学术讨论,提供出版条件,推动全国图书馆学研究的发展。

5.它是国际交流的中心。国家图书馆有责任代表本国图书馆界和读者的利益,参加国际图书馆组织及各项外事交流活动。通过书刊的国际交换、国际互借以及相互访问和共同协商讨论,加强各国图书馆界的交往,增进与各国人民和图书馆工作者之间的友谊。

北京图书馆是我国现有的唯一的国家图书馆。它的前身是清朝末年筹建的京师图书馆。始建于 1910 年，1912 年正式对外开放。从 1910 年至 1949 年，近五十年的时间，北京图书馆的藏书仅有一百四十万册。建国后，1949 年至 1979 年底，三十年中北京图书馆的藏书达到一千○二十万册。它是国内规模最大，藏书最丰富的综合性图书馆，在国际上也享有盛名。北京图书馆的主要服务对象，是党、政、军领导机关，科研部门和重点生产建设单位，同时也为广大人民群众服务。北京图书馆通过馆内阅览、外借、馆际互借、文献复制、书目索引、咨询解答等方式，满足广大读者对图书资料的需要。

北京图书馆是国家的书目中心之一。通过统一编目工作、联合目录的编制工作等，发挥国家书目中心的作用。

北京图书馆也是我国图书馆界协作活动和学术活动的重要组织者。它在图书馆全国性的协作、协调活动中起着重要作用。

二、省、市、自治区图书馆

省、直辖市、自治区图书馆（以下简称省、市图书馆）是我国公共图书馆的骨干力量，是国家科学、文化、教育事业的重要组成部分，是各省、市、自治区范围内的藏书、目录和图书馆的书刊互借及业务研究、交流的中心。它不仅在公共图书馆系统中，就是在全国图书馆事业中也占有重要的地位。

解放后，各省、市图书馆的发展较快，并且都有较大的规模。现在全国共有省、市级图书馆三十所（不包括台湾省）。藏书一般都在一百万册以上，有些已超过二百万册。

1. 省、市图书馆的一般特点

第一，藏书是综合性的，一般都拥有地方文献特藏。省、市图书馆的藏书包括社会科学、自然科学和技术科学等各个学科门类，内容相当广泛。各馆对于本省、市的政治、经济、文化、历史、资源、风物等地方文献和革命文献都广泛征集入藏。省、市图书馆的丰富藏书及地方文献特藏对于本地区经济和文化建设都起着重要的作用。

第二，读者对象十分广泛，包括工、农、商、学、兵、干部、知识分子等各种职业、各种年龄、各种文化程度的读者。有的馆还有少数民族的读者。这些读者对图书资料的需要极其广泛，因此给省、市图书馆带来了比较复杂的工作任务。

第三，省、市图书馆业务活动的领域既广泛而且要求也比较专深。省、市图书馆都是该地区的中心馆。担负着协调各图书馆的活动，并负有对下一级或基层图书馆（室）的业务辅导的责任。因此，省、市图书馆都设有业务研究和辅导部门。一个省、市、自治区图书馆事业的状况和业务水平往往与该省、市、自治区图书馆有着直接的关系。

2. 省、市图书馆的任务

为了加速我国社会主义四个现代化建设，在新的历史时期必须进一步明确省、市图书馆的任务。

省、市图书馆应同时担负为科学研究和为广大群众服务的任务，但以科学研究服务为重点。其主要服务对象是省、市、自治区党政军领导机关和科研、生产部门及文化教育部门，也要积极主动地为一般群众和青年学生服务。

省、市图书馆的具体任务是：

第一，根据本地区政治、经济、科学和文化教育事业当前和今后发展的需要，结合原有的藏书基础，积极采集各种书刊资料，建设质量较高的、具有地方特点的藏书体系。应系统收藏与本地区政治、经济、科学研究和文化教育事业有关的国内一切出版物。对于中央一级出版社和本省、市出版社的出版物以及有关本地区的地方文献资料尽全收集。对于外文书刊的收藏应以基础科学、参考工具书、综合性书刊和本地区确有需要的专业性书刊为主。对于馆藏书刊要以科学的方法进行加工、组织和管理。

第二，通过馆内流通阅览、馆际借书、邮寄借书、书目参考、咨询解答等多种形式和服务手段来满足科研和生产单位以及一般读者对图书资料的需要。

第三，贯彻"百花齐放、百家争鸣"和"古为今用"、"洋为中用"的方针，积极开展书刊宣传和阅读指导，以书刊资料向广大读者进行马列主义、毛泽东思想教育，普及科学文化知识，提高广大读者的思想、理论和科学文化水平。

第四，在省、市、自治区有关部门的领导下，组织各系统图书馆间的协作和协调工作。并担负起地区中心图书馆委员会和图书馆学会的日常工作。

第五，组织和推动图书馆学理论和技术方法的研究。对市、区、县图书馆进行业务辅导。努力促进图书馆业务水平的提高和基层图书馆事业的发展。

第六，开展在职馆员的业务培训工作，提高馆员的政治、文化、专业知识水平和图书馆业务技能。努力建设一支具有较高专业化水平的图书馆员队伍。

3. 省、市图书馆的业务机构

省、市图书馆一般有以下业务机构：业务办公室、采编部、阅览部、书目参考部、图书保管部、特藏部和研究辅导部等。

三、市、县（区）图书馆

这里所指的市图书馆是省会所在的市或省辖市的市图书馆。这类图书馆在全国有一定的数量。它们一般都有一定的规模，藏书基础也较好，服务工作有一定的水平，并积累了较丰富的经验，在社会主义革命和建设中发挥一定的作用。

在新的时期，应加强市图书馆的建设，进一步明确市图书馆的任务。根据新时期的总任务和全党工作的着重点,市图书馆同时担负着为生产、科研服务和为广大群众服务的任务。市图书馆在同省(自治区)图书馆分工的情况下,把服务工作的重点放在本市的重点生产和科研项目上。同时,也要搞好馆内阅览、外借,满足一般读者和广大工农群众对图书资料的需要。市图书馆要加强对区、县图书馆的业务辅导,发展本市的区、县图书馆,积极做好工农读者和青年学生的服务工作。

县(区)图书馆是公共图书馆数量最大的一部分。它联系着我国城镇、农村和我国人口最多的农民。因此,发展县(区)图书馆对于发展农村生产和对于广大农民的文化教育有着重要的意义。

解放后,我国县图书馆的数量有很大增加,并且有的省已基本普及县图书馆。但全国大多数省的县图书馆还不够普及。这是我国图书馆事业建设中的一个薄弱环节,建设县图书馆的任务还相当艰巨。

在新的历史时期,县(区)图书馆应该为广大农民和城镇工人、居民服务,为生产服务。

县(区)图书馆的具体任务是:

第一,收藏适合广大农民和城镇工人、居民实际文化水平的比较通俗的社会科学、自然科学、农业技术读物以及文艺作品,也要适当收藏一些适合中等文化水平的科技著作以及革命导师的经典著作。要根据普及与提高相结合,以普及为主的原则来建设县图书馆的藏书。要努力使县图书馆的藏书具有一定的规模。

第二,在开展馆内流通阅览的同时,要花较多的力量到农村开办借书站和流通点,把书送到农村,送到基层。

第三,积极开展业务辅导,协助和辅导公社、生产队办好农村图书室,建立农村图书网。

公共图书馆尽管是一个类型,但由于省、市、县馆各自处于不同的地位、有着不同的规模,各自的藏书基础和其它条件也很不相同。因此,要分别研究它们的特点,从而确定不同的工作任务,以推动公共图书馆事业的发展,更好地为"四化"建设服务。

第三节　高等学校图书馆

高等学校图书馆是我国图书馆事业中的又一重要类型。它在高等学校中是为教学和科研服务的重要机构,与教学和科研的关系极为密切。现在,国外把现代化图书馆视为现代化大学的三大标志之一。由此可见高等学校图书馆所处的重要地位。

解放后,我国高等学校图书馆事业发展较快。一般高等学校图书馆都有相当的规模。在六百多所高等院校图书馆中,很多藏书在一百万册以上。这些图书馆以自己的藏书和服务活动,对学校的教学、科研和学生的思想政治教育以及全校师生员工的文化生活等方面起着重要的作用。

一、高等学校图书馆的特点

高等学校有综合性大学、多科性文科或理工科大学、专科性大学的不同。因此,各个学校的图书馆也有上述性质的不同。但它们也具有一些共同的特点。概括起来是:

1. 在藏书方面:第一,一般高等学校图书馆藏书都比较丰富。收藏范围密切结合该校所设的系、科、专业,且比较系统和完整,藏书的利用率较高。第二,教学用书的入藏比例较大,基本上能够解决较多读者集中用书的需要。第三,比较重视外文书刊的收藏,所以一般都能反映出世界上最新的学术水平。

2. 在读者方面:第一,读者对象比较单一,主要是教师和学生,文化水平比较整齐。第二,读者的需要随着教学活动和科研的进

54

程而变化,有一定的规律性。

3.在业务工作方面:高等学校图书馆业务工作的开展一般都较细,较深。书刊的加工整理、书库和阅览室的设置、藏书和目录组织工作等都是根据学校教学和科研的特点进行的。图书借阅流通工作与教学和科研工作进程的联系密切,有一定的计划性和阶段性。图书馆各项服务工作的开展,使得师生能够比较方便地获取图书资料。

4.高等学校各系和各研究所都设有图书资料室。它们同校图书馆的关系基本上有两种情况:一是在行政、人事上由各系、所领导,业务上由图书馆领导。由校图书馆统一图书采购、分类、编目和目录组织等。二是系、所图书资料室完全独立,同校图书馆只是有业务上的联系。目前属于第一种情况的居多。各系、所图书资料室一般只对本系、所师生开放。尽管如此,仍然说明在高等学校中存在着一个相对稠密的图书资料分布网。这是高等学校图书资料工作的有利条件之一。

二、高等学校图书馆的任务

在社会主义四个现代化建设的新时期,高等学校是教学中心,也是科研中心。高等学校担负着培养大批德智体全面发展的专门人才和开展科学研究的双重任务。

根据新时期高等学校的任务,高等学校图书馆的任务是:贯彻党的教育方针,为培养德智体全面发展、又红又专的社会主义现代化建设的专门人才服务,为教学和科学研究服务。

高等学校图书馆应着重抓好以下工作:

第一,加强图书资料的搜集工作,提高藏书质量,形成具有学科特点的藏书体系。在藏书建设中,应根据本校的专业设置、学科发展方向和科研项目,全面、系统地收集国内具有较高学术水平的基本理论著作。教学参考用书应根据学生人数,按一定比例入藏。

对于国外书刊,与本校专业设置有关的各种专业书刊应尽全收藏,相关学科和边缘学科的书刊也应量力收藏,以保证高等学校图书馆的藏书能够反映当代科学发展的水平。

马列主义经典著作、社会科学理论读物和文艺书籍在各高等学校图书馆都应有一定的数量,以配合政治理论课的教学和学校的政治思想教育工作;满足师生阅读理论著作和文艺书籍的需要。

第二,加强情报服务工作。教学和科研工作都离不开情报资料,因此高等学校图书馆加强情报资料的收集、加工、报道和提供是一项重要任务。当前应配备班子,充实力量,及时地把情报工作开展起来。

第三,研究和采用图书情报工作的新技术、新设备和新方法,逐步实现图书情报服务手段的现代化。复印机、录音机、放映机等设备在各高等学校图书馆都应进一步普及。在有条件的高等学校图书馆中要尽快建立缩微、视听资料阅览室。在全国重点大学要创造条件,逐步采用电子计算机等最新技术设备,逐步实现图书情报采购、编目、存储、检索、传递、借阅管理等机械化和自动化。

第四,根据高等学校读者的特点,进一步扩大藏书开放范围。高等学校图书馆的藏书除极端反动和淫秽的内容之外,对全校师生原则上都可以开放。图书馆同教师一道加强对学生的阅读指导。

第五,改革系、所图书资料室的管理体制,实行图书馆和各系、研究所对图书资料室的双重领导。系、所图书资料室在行政和人事管理上由各系、所负责,在业务上主要由图书馆领导。

第六,加强图书资料和设备的管理和利用,发挥现有藏书和设备的作用。

第七,加强图书资料队伍的建设。应建设一支思想好、业务强的图书资料工作队伍,加强在职培训,提高馆员的思想、文化、外语、专业知识水平和业务工作的技能。使工作人员中具有图书馆专业知识、掌握外文和古文以及具有文、理科专业知识的大学水平的人员达到一定的比例。

第八，开展图书馆学研究，特别是高等学校图书馆工作规律的研究，发展图书馆学理论和新技术、新方法等等。

三、高等学校图书馆的业务机构

根据高等学校图书馆的任务，在机构设置上除采编、流通、典藏等业务部门之外，应根据本馆的条件或逐步创造条件，设立情报业务部门，加强情报资料的搜集、管理、报道和提供等工作。

第四节　科学和专业图书馆

科学和专业图书馆主要包括科学院系统的科学图书馆、政府部门及其所属研究院(所)专业图书馆、大型厂矿企业的技术图书馆以及一些专科性的图书馆(以下简称科学和专业图书馆)。科学和专业图书馆是我国图书馆事业的一个重要组成部分，是为科研和生产服务的重要部门。

解放后，我国科学和专业图书馆事业发展很快，并形成了体系。科学和专业图书馆以图书情报工作为科研和生产服务，作出了积极的贡献。

一、科学和专业图书馆的特点

科学和专业图书馆在规模上有大中小的不同，在藏书范围上也有综合性和专科性的区别。这些都反映出各自不同的特点。但从类型上看，它们具有一些共同的特点。主要是：

第一，除中国科学院及分院图书馆藏书具有综合性外，其他大多数图书馆的藏书都反映出具有学科专业性的特点。一般藏书数量不大,但学科内容比较专深。学科的基本理论著作,特别是最新科学著作是收藏的重点。所藏国外文献占有相当大的比重,其中又以国外期刊为重点。

十分重视国内外情报资料的搜集是又一突出的特点。对于能够成为"情报源"的文献资料特别重视,入藏量也比较大,而这部分资料陈旧过时的期限短,因而馆藏新陈代谢较快。

第二,读者对象主要是科研和工程技术人员。这些读者文化水平较高,懂得外文。因此,读者的需要一是侧重情报资料,二是侧重外文书刊。

第三,在业务活动中比较重视情报资料的收集、加工、分析、报道、检索和提供书目情报工作,并积累了一定的经验和有一套科学的工作方法。对图书情报工作人员要求具有比较广博的专业知识和一定的外文水平,这也是一个突出的特点。

二、科学和专业图书馆的任务

科学和专业图书馆在我国社会主义现代化建设中,特别是在科学技术现代化中负有重要的历史使命。它在新时期的任务是:

为科学研究和生产服务,为赶超世界先进科学技术水平、实现四个现代化服务。

科学和专业图书馆应着重抓好以下工作:

第一,建立现代化图书情报体系。具体要求是:①在系统范围内改革管理体制,实行图书、情报一体化。例如,中国科学院图书馆系统中的院图书馆是全院图书情报中心,分院图书馆负责分院的图书情报工作,研究所设立图书情报研究室,成为全所图书、资料、情报工作的统一归口部门。这样就能形成脉络贯通的全院图书情报体系。②在没有形成系统的科学和专业图书馆中,要求在一馆范围内从管理体制、机构设置和业务工作上做到图书、情报工作的一体化。

第二，健全和发展科技文献资料的搜集工作。各图书馆根据所承担的任务和科学研究规划，确定收藏范围。一般应根据"侧重基础、侧重提高"的原则，除充实原有藏书基础外，着重对加强情报工作所需的文献资料进行调查和收藏，并注意有关基础学科和新兴技术的文献缩微品、视听资料等的搜集。要做好文献来源的线索研究，掌握国外主要科技出版商及学会、协会出版动态，不断开辟新的搜集渠道，以充实科技文献和情报资料的收藏。

第三，大力加强科技情报工作，充分发挥科技情报的耳目和参谋作用。各图书馆根据所服务的研究课题，积极开展情报的调研和分析，系统摸清各课题的国内外发展水平和动向以及有关的指标、参数，不断向科研人员和领导部门提供分析报告和有科学价值的资料，力求为开题、攻关、评价和评定成果提供有效的情报。

还要为领导部门制订科研政策、规划和计划，确定科研课题等等，提供有关的情报资料。

参加国内外专业学科交流活动，了解国内外学科发展水平，搜集、报道和提供科技情报资料。

第四，逐步建立电子计算机文献检索系统，逐步实现主要业务管理系统的自动化。科学和专业图书馆，特别是科学院图书馆和分院图书馆，应逐步创造条件采用现代化技术和设备，使图书情报工作实现采编、存储、检索、流通等业务的电子计算机化。并逐步建立该系统的联机检索网，然后加入全国以至国际的检索网络。

第五，积极开展图书情报工作的理论、方法和事业组织的科学研究。图书情报工作一体化在理论上和业务方法上以及事业组织上都产生了一系列新的研究课题，而这一任务理应由科学和专业图书馆来担当。开展这一课题的研究对于指导图书情报工作实践和丰富图书馆学、情报学的内容具有现实意义。

第六，加强图书情报工作队伍的建设。科学和专业图书馆的业务工作人员要求具有图书情报业务知识、广博的专业学科知识和较高的外文水平。通过在职培训和参加国内外学术交流活动以及出国考察等方式提高图书情报工作人员的业务水平。鼓励图书情报工作人员结合本馆工作，开展科学研究，写出论文或专著，为发展图书馆学、情报学和文献学做出贡献。

第七，加强图书情报工作协作的组织工作和业务辅导。科学院图书馆和分院图书馆在该系统中担负着协作活动的组织和业务辅导的任务。

三、科学和专业图书馆的业务机构

机构的设置应根据图书情报工作一体化的要求。基本作法：一是新建情报业务部门。二是对于图书馆传统的业务部门赋予它们情报工作的新职能。科学和专业图书馆的情报工作原来都有一定的基础，在机构的设置中主要是如何根据图书情报一体化的要求，使其各部门的职能更加完善。

第五节　其他类型图书馆

除以上介绍的几个主要类型之外，还有工会图书馆、少年儿童图书馆、中小学图书馆（室）、街道图书馆（室）和农村图书室，它们也是几个比较重要的图书馆类型。

一、工会图书馆

工会图书馆是基层图书馆事业中的一个重要类型。解放后，我国工会图书馆有较大的发展。工会图书馆是工会组织举办的群众文化事业。它的建立，体现了党和工会组织对广大职工文化和思想教育的关怀。

工会图书馆是广大职工学政治、学文化和学科学技术知识的重要场所。它对于提高广大职工的思想、文化和科技知识水平起着重要的作用。

1955 年 7 月，中华全国总工会为了加强工会图书馆工作，在北京召开了全国第一次工会图书馆工作会议，讨论了工会图书馆的方针和任务。根据当时的具体情况，确定工会图书馆应在国家文化事业的方针指导下，适应工作的要求，贯彻"面向基层，为生产服务，为群众服务"的方针。规定工会图书馆的基本任务是："利用图书报刊帮助职工学习马克思列宁主义，向职工进行时事政策教育，并帮助职工获得科学技术、文学艺术等方面的知识，提高职工的政治、文化技术水平，以教育和帮助职工积极地参加国家的社会主义建设事业，同时，还应利用图书报刊为职工家属服务。"这次会议所确定的工会图书馆的方针和任务，从总的精神上看，直到今天仍有现实意义。

但是，我国现在已经进入了一个新的历史时期，实现四个现代化是新时期的总任务。根据工会九大提出的工会工作的具体任务，确定工会图书馆的工作重点是：

面向基层，面向广大职工群众，为实现新时期的总任务和提高广大职工的科学文化水平服务。

工会图书馆的任务是：

第一，宣传和流通马克思、恩格斯、列宁、斯大林和毛泽东著作，帮助职工提高马列主义、毛泽东思想理论水平和政治思想觉悟。

第二，利用图书报刊开展流通阅览和宣传辅导，提高广大职工的文化、科学、技术知识水平。

第三，为职工的技术革新和创造发明提供图书资料。

第四，满足职工家属（包括少年儿童）学习文化和阅读文艺作品的需要。

为了实现上述任务，工会图书馆还应该根据客观条件，不断充实馆藏。既要收藏一般通俗读物,也要注意入藏适合较高文化水平(例如中等以上文化水平)阅读的政治理论、科技著作和文艺作品。要建立方便读者利用藏书的、合理的规章制度。要不断提高科学管理水平等。

二、少年儿童图书馆

少年儿童图书馆是党向广大少年儿童进行思想教育和文化、科学教育的重要阵地,担负着培养革命接班人的职责。少年儿童图书馆事业的发展在解放后受到重视。1957年中央文化部在上海召开了少年儿童图书馆(室)工作座谈会,交流了经验,促进了少年儿童图书馆事业的发展。我国的少年儿童图书馆包括国家举办的大型的少年儿童图书馆(如北京、上海、武汉、重庆、沈阳、兰州等市的少年儿童图书馆)、公共图书馆和工会图书馆的少年儿童阅览室、少年宫和少年之家的图书室、中小学图书馆(室)等。这些少年儿童图书馆(室)在向广大少年儿童读者进行共产主义理想和品德教育、"五爱教育"(爱祖国、爱人民、爱劳动、爱科学、爱护公共财物)、革命传统教育、普及文化科学知识、配合读书活动方面,发挥了重要作用。

在新的历史时期,党中央号召"全国青少年,奋发学政治、学文化、树立爱科学、讲科学、用科学的风气"。党中央的号召,也给少年儿童图书馆提出了新的任务和新的要求。

在新的历史时期,少年儿童图书馆应着重抓好以下工作:

第一,切实重视少年儿童图书馆事业的发展。当前我国少年儿童图书馆事业还比较落后。首先是数量不多。我国少年儿童有两亿多,而名符其实的少年儿童图书馆屈指可数。同其他一些国家相比,我国少年儿童图书馆的数量太少。其次是我国少年儿童出版物的数量还远远不能满足少年儿童读者的阅读需要。少年儿童图书馆的藏书更是有限,无法满足读者渴求新知识的需要。再次,我国少年儿童图书馆的活动方式不能适应读者的特点,不能激发起少年儿童读者的阅读兴趣和爱好,比较呆板和单调。总之,我国少年儿童图书馆事业急需加速发展。这个问题应该引起有关部门的重视和支持。

第二,要根据少年儿童的特点开展活动。少年儿童天真活泼,好学爱动,模仿性强,但缺乏理解力和辨别力。因此,给以少年儿童阅读的书籍必须特别注意思想健康,通俗易懂和内容的科学性。还必须采用生动活泼的形式,尤其是形象化的宣传方法。

培养少年儿童读者学科学、讲科学、用科学的风气,是少年儿童图书馆应特别重视的问题。用直观、形象的形式对少年儿童读者进行科学知识教育,激发他们学科学,爱科学的兴趣和热情,这对于我国多出科学人才是一项意义重大的工作。因此,少年儿童图书馆工作者应当认真研究其中的许多问题,以提高教育的水平和效果,为我国多出科学人才作出贡献。

三、中、小学图书馆(室)

我国中、小学的数量相当大。中、小学图书馆(室)也是图书馆的一个重要类型。但目前发展中、小学图书馆(室)还存在着一些困难。例如,有相当一部分中、小学,尤其是小学还未建图书馆(室);已经建立起来的图书馆(室)有的在人力、资金、设备,甚至馆舍等方面也感严重不足。有的中、小学图书馆(室)不对学生开放,广大中、小学生读者的阅读需要不能得到应有的满足。应该认识到,这种状况的存在,对于提高教育质量,增进中、小学生的知识,甚至对于科学人才的培养都将产生直接的影响。因此,发展中、小学图书馆事业,加强中小学图书馆(室)的建设应该受到国家有关部门的重视,要采取有力的措施,切实改变目前这种落后的状况。

中、小学图书馆(室)在满足教师教学需要的同时,应该面向学生读者,积极开展阅览、外借,切实满足广大学生学习科学文化知识和阅读文艺作品的需要。根据中、小学生的特点,可采取多种形式,如组织班级集体借书、读书小组、故事会、办墙报等来培养广大中、小学生的阅读兴趣,把阅读活动生动活泼地开展起来。

中、小学生,尤其是中学生是求知欲很强的时期,图书馆(室)要因势利导,既要广泛地满足他们的阅读需要,同时又要依靠老师们积极地进行阅读指导和引导,不断提高他们分析和理解事物的能力。

我国中、小学生的数量很大,需要很广泛,而且各有特点。图书馆(室)要做好这些读者的服务工作,引导他们德智体全面发展。广大中、小学图书馆(室)工作者要充分认识自己这一工作的意义,奋发努力地把中、小学图书馆(室)工作生气勃勃地开展起来。

四、街道里弄图书馆(室)

街道、里弄图书馆(室)(以下简称街道图书馆)是为城市居民服务的民办图书馆(室)。它也是解放后发展起来的基层图书馆的一个类型。街道图书馆的读者对象包括退休职工、知识青年、青年学生和少年儿童以及在职干部和工人等。这些读者人数不少,而且都具有一定的文化水平。他们看书学习的要求十分强烈。办好街道图书馆,满足广大居民读者学习的热烈愿望,对于宣传马列主义、毛泽东思想,用社会主义思想占领业余阅读阵地,提高广大居民群众的政治思想觉悟和科学文化水平都具有重大的意义。街道不仅是生活的后方,随着集体所有制的街办工厂、企业和各种服务性行业的兴办,将日益成为生产的前线。因此,街道图书馆为街办生产事业服务也是一项重要的任务。

街道图书馆应该把为居民服务、为生产服务作为中心任务。通过图书报刊宣传马列主义、毛泽东思想,普及科学文化知识,提高广大居民的思想觉悟和科学文化水平。同时,积极为生产和科研提供图书资料。

市图书馆必须加强对于街道图书馆的业务辅导,组织街道图书馆的协作活动,建立街道图书馆协作网,使街道图书馆事业不断巩固和发展。

五、农村图书馆(室)

我国农村图书馆(室)完全是解放后发展起来的一种基层图书馆的新类型。党和政府重视农村图书馆事业的发展。1956年党中央公布的《1956—1967年全国农业发展纲要(草案)》中就规划了包括图书室在内的农村文化事业的发展。1958年全国农村人民公社办的图书室为数很多。但这些图书室能够长期坚持和巩固下来的为数甚少。这种状况应该得到改变。

在新的历史时期,为了提高广大农民的科学文化水平,实现农业的现代化,必须进一步巩固和发展农村图书室。

发展农村图书室要做到"稳步发展,着重巩固"。要根据农村经济发展的物质基础来规划农村图书馆事业的发展规模和速度。解放以来。我国农村图书馆事业成绩的取得是全国供销合作总社、新华书店和各省、市、自治区图书馆共同努力的结果。今后仍应搞好各方面的协作,共同为发展我国农村图书馆事业作出努力。

农村图书室应该把为广大农民服务,为生产服务作为自己的中心任务。农村图书室通过图书报刊宣传马列主义、毛泽东思想,普及文化科学知识,提高广大农民的文化科学知识水平。同时,也要积极为科学种田和农业现代化提供书刊资料。

农村图书室的活动必须坚持业余、节约、不脱离生产、不脱离群众的原则。

我国农村有八亿多农民,办好农村图书室直接关系到我国广大农民的切身需要和农村文化、生产事业的发展。因此,农村图书室的工作是大有作为的工作。广大业余农村图书管理员应该树立全心全意为农民服务的思想，为我国农业现代化，为发展农村图书馆事业作出自己的贡献。

参考书目

1.《中国图书馆事业三十年（1949—1979 年）》 张树华、吴慰慈、郑莉莉 《吉林省图书馆学会会刊》 1980 年第 2 期

2.《新中国图书馆事业三十年》 黄宗忠 《武汉大学学报》哲社版 1979 年第 5 期

3.《国家图书馆在图书馆事业中的地位和作用》 谭祥金 《北图通讯》 1979 年第 2 期

4.《中国科学院图书情报工作暂行条例》（试行草案） 《图书馆工作》 1979 年第 2—3 期

5.《县、区图书馆的性质和任务》 赵成山 《图书馆学刊》 1979 年第 1 期

第四章　图书馆网

第一节　建立图书馆网的意义

一、图书馆网的含义

图书馆事业与世界上其他事物一样,总是不断发展,不断完善,永远不会停止在一个水平上。在科学文化发展的早期,从事科学文化活动的人数不多,书刊文献资料的数量也不大,所以收藏书刊文献资料的图书馆也为数不多,图书馆之间互不联系、单独地开展服务活动基本上能满足当时社会的需要。但是,由于科学文化的不断发展,书刊文献资料的数量大大增加和人们对它的特定需要之间的矛盾的不断发展,以前的那种图书馆之间互不联系,单独地开展服务活动已不能适应时代的要求。人们对书刊文献资料需要的多样性,不仅推动着各种类型图书馆的产生,而且推动着各种类型图书馆之间朝着合作的方向发展。

早在上个世纪,在欧美一些发达的资本主义国家,当资本主义的生产方式要求图书馆从王宫、教会、经院和私人藏书家的羁绊中解放出来,而成为为社会公众服务的文化教育设施之后,西方图书馆界的有识之士就提出了用"合作"、"联合"的方式来共同从事图书馆某项业务工作的意见。例如,1850 年美国的 C. C. 朱厄特提出的编制图书馆联合目录的设想,1876 年 T. H. 罗杰斯以及其后的 M. 杜威提出的关于集中编目的意见，1893 年德国柏林皇家图书馆开始同各大学图书馆互借图书，1896 年美国芝加哥公共图书馆、纽贝里图书馆与克里勒图书馆就藏书专业分工问题达成协议，1902 年美国国会图书馆向委托馆发行印刷卡片目录。总之，在十九世纪末至二十世纪初，图书馆在欧美一些资本主义国家得到了进一步的发展，加强图书馆之间的协作，已经成为近代图书馆事业发展中的重要特征和共同趋势。

图书馆网的出现是近代图书馆事业发展的产物。它发端于图书馆之间的协作，是各种图书馆之间合作的扩大和发展，它使各种类型图书馆之间的松弛联合，变成一个正式的、完整的、有组织的网络。

我们在探讨图书馆网这个概念的基本含义时，既要看到它与"图书馆合作"、"图书馆联合"的内在联系，也要注意它们之间的质的区别。

图书馆合作，主要是指两个或两个以上的图书馆之间改进馆际协作、促进馆藏的利用、提高读者服务水平的活动。

图书馆联合，是馆际协作的一种形式，通常限于一定地区、一定数量、一些类型或一些专业范围的图书馆。它需要参加协作的各个图书馆之间签订相应的合作协定，并根据协定的要求制定出正规的管理制度，一般要有适当的经费预算。一个图书馆联合体一般不要求有正式编制的工作人员，如果需要的话，通常也是为数很少。

图书馆网，是传统的图书馆间互助合作、联合的扩大，它统一制定合作规程和工作计划，并遵循合作规程的要求，有计划的、有组织的开展各种服务工作；它需要建立中心机构和拥有一定的人员编制去实施网络计划，而不是单纯地促使馆际协调。图书馆网与"图书馆合作"、"图书馆联合"的主要区别在于，少数图书馆之间的传统合作协定，从一定的意义上来说是非正式的，而图书馆网则是正式的、完整的、有组织的。它使各类型、各级图书馆之间的联系更加趋于密切,使分散在各地区、各系统的各种类型图书馆紧密地组织起来,统一领导、统一规划、统一行动,形成一个既有分工又有协作、纵横交错、脉络贯通的图书馆体系。

概括地说,图书馆网的标志主要是:有集中统一的领导,有布局合理、大中小相结合的各类型、各级图书馆,有图书馆之间的协作活动。现代化的图书馆网还应广泛采用电子计算机、现代通讯技术、复印和缩微技术、视听设备等现代化的先进技术装备。

图书馆网有一个发展过程。半个多世纪以来,随着物质生产的发展,精神产品——书刊资料也与日俱增,图书馆的教育职能和服务职能有了新的扩大,特别是现代化检索手段和通讯技术广泛应用于图书馆工作,使图书馆网的建设规模、普及程度以及图书馆之间的联系都达到了前所未有的水平。从近代图书馆事业发展的基本特征和共同趋势来看,图书馆网的发展大体上出现了两大分支:一个是图书馆事业网,一个是图书情报的电子计算机检索网。

图书馆事业网有纵横两条系统:从纵的方面说,是指按领导关系和专业性质组织起来的、有上下隶属关系的系统图书馆网;从横的方面说,是指按行政区域通过馆际协作或业务辅导关系将各种类型、各级图书馆组织起来的地区图书馆网。图书馆事业网就是将各系统、各地区图书馆纵横交错地、脉络贯通地组成为集中统一领导的全国性图书馆网。这种网的基本职能是协作和协调,所以称之为图书馆协作网。

电子计算机检索网,是将许多计算机检索系统联结成网络,利用终端设备,通过电话线路或专用的通讯线路与中心电子计算机相联接,经检索而获得情报。

以上可以看出,从图书馆事业网和电子计算机检索网的基本职能来讲,它们是不同的两回事。但随着现代化科学技术的迅速发展,它们两者的关系越来越密切。在规划图书馆网的建设时不能把它们割裂开来。图书馆事业网和电子计算机检索网的关系，是互相促进、相辅相成的关系。图书馆事业网为计算机检索网的建设提供了发展的基础，即在各系统、各地区图书馆网形成的基础上，选择若干个全国、地区和系统的重点图书馆作为中心，采用电子计算机存贮、检索，围绕中心分设若干个分中心与终端，形成图书、情报资料的存贮检索和机读目录的网络。反之，电子计算机检索网的形成又会促进图书馆事业网进一步向纵深发展，以便在事业的组织上与检索网络化相适应。

二、建立图书馆网的意义

革命导师列宁于 1919 年 5 月在全俄社会教育第一次代表大会的《贺词》中，就特别强调了建立统一的图书馆网的意义。列宁指出："我们应当利用现有的书籍，着手建立有组织的图书馆网来帮助人民利用我们现有的每一本书，应当建立一个有计划的统一的组织，而不是建立许多平行的组织。这件小事情反映出我国革命的基本任务。如果革命不解决这项任务，如果革命不走上建立真正有计划的统一的组织的道路，来代替俄国的混乱状态和荒谬现象，那末这个革命仍然是资产阶级革命，因为走向共产主义的无产阶级革命的基本特点也就在这里"（《列宁全集》中文版第 29 卷302 页）。列宁这些论述的中心思想就是在社会主义国家里根据无产阶级革命的要求，必须建立起"统一的图书馆网"（《列宁论图书馆工作》克鲁普斯卡娅著 1957 年时代出版社第 54 页），并实行集中管理，只有这样才能克服"残余的破坏现象、混乱状态、可笑的本位主义"（《列宁全集》中文版第 29 卷 301 页）。

在我国，把各个系统、各个地方的各种类型图书馆组成一个既有分工又有协作的、有机联系的、真正统一的图书馆网，这既是需要的，也是可能的。但由于我国各种类型的图书馆都是属于不同的领导机构，这些领导机构又都是平行的，因此全国各系统图书馆及情报单位仍处于各自为政的状态,这样就很难充分发挥书刊资料的作用。解决这一问题的关键就是要进一步加强党和国家对图书馆事业的领导,建立全国性图书馆事业的领导机构,把全国统一的图书馆网组织起来。这对于图书馆的合理布局,全面发展图书馆事业,改变我国图书馆事业的落后局面,使图书馆在向四个现代化伟大目标的进军中,在提高整个中华民族科学文化水平的过程中发挥更大的作用,都有着重要意义。

近二十年来,随着世界科学技术的迅速发展,在各个学科领域中都出现了大量的书刊资料。任何大型图书馆都无法全部收藏,更无法全部加工与利用。这个问题只有依靠一个统一的图书馆网及情报网才能解决。如果只按传统的图书馆业务将每年出版的大量书刊资料进行编目、入藏、编制联合目录,很难使不同学科领域的研究人员很快地检索到所需要的资料。因此,对这些书刊还必须进行题录、简介、文摘及数据加工,才能为研究人员提供情报检索工具,加速情报的交流。根据现在科研和生产对书刊资料迫切要求的情况,不但需要有一个统一的图书馆网,同时也需要一个统一的科技情报网。这就使每一个图书馆的发展都与整个图书馆网的发展紧密地联系在一起,每一个图书馆都应把自己的藏书看作是全国和地区图书馆网的统一藏书的组成部分,是全国和本地区图书馆网的共同财富,而不仅仅属于本馆所有。我们只有实行全国性和地区性的馆际藏书协调,做到各馆之间既有合理的分工,又有密切的合作,才能对全国的图书资源进行统一合理的分配和共同的利用,充分发挥各馆藏书的效能,更好地满足读者的要求;也才能克服目前不少图书馆在藏书补充工作中仍然不同程度地存在的盲目性,避免在各馆之间出现的不合理的平行重复现象。

建立起"统一的图书馆网",还有助于实现图书馆工作现代化。现代化与网络化是密切相关的。在网络化的基础上搞现代化,现代化促进网络化向纵深发展,图书馆要在技术上实现现代化,就必须有组织上的网络化与之相适应。看来这是当代图书馆事业发展过程中必然要出现的一种发展趋势。网络化是现代化的必要条件与基础。因为采用电子计算机等现代技术设备,用费昂贵,往往非一个图书馆或少数几个图书馆力所能及。同时电子计算机的工效很高,速度很快,若每个图书馆或少数几个图书馆都"养"机,那么计算机就会吃不饱而造成浪费。这就需要有很多图书馆联合起来,共同利用同一设备,因而也就必然导致图书馆的网络化。由于网络化的发展,为图书馆现代化创造了有利的条件,开辟了更大的活动范围,实现了图书资源的共享。所以说,网络化是以最节约的方式进行图书馆现代化建设的办法,也是最大限度地发挥电子计算机作用的必由之路。

第二节　图书馆网的组织

一、组织图书馆网的指导思想

图书馆是一种社会文化现象,组织图书馆网不能不受社会制度、社会结构和生产发展水平的制约。革命导师列宁关于图书馆网的论述以及我国党和政府有关的一系列的指示,是建设我国社会主义现代化图书馆网的理论依据和指导思想。

列宁十分重视图书馆事业,其中包括图书馆网的建立。从他的部分文章、讲话、指示及签署的命令中可以看出,他对于组织图书馆网的思想,是在从事革命活动而长期使用图书馆的过程中形成,并在无产阶级夺取政权之后付诸实现的。从列宁关于建立图书馆网的一系列论述中,我们可以看到他的关于建立图书馆网的基本思想是:

1. 十分强调图书馆的教育职能,总是把"工农群众迫切要求知识"、"要求受教育""真正的人民的愿望"(《列宁全集》中文版第32卷第112—122页)与图书馆联系在一起,把"帮助人民利用我们现有的每一本书"(《列宁全集》中文版第29卷302页)作为组织图书馆网的根本出发点。

2. 十分强调图书馆的服务职能,总是把充分发挥每一个图书馆和图书馆员的作用,充分发挥每一本书的作用,高效能地为读者服务,作为衡量图书馆工作和组织图书馆网的唯一标准。

3. 反复强调图书馆事业必须集中管理,反对无政府主义、分散主义和本位主义。图书馆网必须是"有计划的真正统一的"而不是"许多平行的组织"(《列宁全集》中文版第29卷302页)。

尽管那时列宁还不能预见半个世纪以后,现代化检索手段为图书馆网的建设提供的新因素,但他对为什么要建立和如何建立图书馆网等基本问题,已经作了原则的回答,为无产阶级从事图书馆网的建设提供了理论依据。

总结我国图书馆事业建设的历史经验,组织我国图书馆网的指导思想应该是:以列宁关于"我们应当利用现有的书籍,着手建立有组织的图书馆网来帮助人民利用我们现有的每一本书,应当建立一个有计划的统一的组织,而不是建立许多平行的组织。"(《列宁全集》中文版第29卷301页)这个论述为指导,积极而稳步地发展各种类型的图书馆,通过协作与业务辅导关系,把各种图书馆联系起来,逐步组成为科学研究和广大群众服务的图书馆网。

建设图书馆网,是发展图书馆事业客观规律的科学总结,只有建立全国统一的图书馆网,才能根本改变我国图书馆事业的面貌。我们一定要遵循列宁的建网思想,从提高整个中华民族的科学文化水平出发,为建设我国社会主义现代化图书馆网而奋斗。

二、图书馆网的组织

顾名思义,组织图书馆网就是有计划地把各种类型的图书馆组织成为统一的整体,打破分散单干的局面。组织统一的图书馆网,不是取消各馆的独立性。相反,它会促使各馆发挥更多的独创性,来完成整个网络所赋予的职责。有集中又有分散,有协调又有分工,有统一的计划又有具体的灵活性,这些应该成为图书馆网的基本特点。

在组织图书馆网的时候,我们应该充分利用我国社会主义制度的优越性,从我国的具体情况出发,克服国家与地方、地方与地方、系统与系统、馆与馆之间各行其是、自成体系等一系列弊病,采取适合我国具体情况的,有计划的统一管理方式。

1.积极发展各种类型图书馆

图书馆网是由各种类型图书馆组成的。只有不断地发展各种类型图书馆,才能为图书馆网的建设提供坚实的基础。怎样发展呢,应该全面规划、合理布局,根据我国国民经济、科学文化教育事业的发展规划,做到城市、农村、内地、边疆合理布局,使之脉络贯通。在分属不同系统的图书馆中,省、市、自治区以上公共图书馆,科学技术系统图书馆和高等学校系统图书馆,一般藏书较多,工作基础较好,干部力量较强,在图书馆网中应该起到骨干与中心的作用。

省、市、自治区以上公共图书馆,从纵的方面讲,北京图书馆是国家图书馆,应当成为全国图书馆事业的中心。省、市、自治区图书馆是各省、市、自治区的藏书、目录和图书馆间的书刊互借、业务交流的中心,是联结上下的重要枢纽。从横的方面讲,省、市、自治区图书馆是本地区图书馆事业的中心,它要同本地区其他图书馆联结成一个网面,为本地区各系统和广大人民群众服务。应当重点建设北京图书馆,使其真正发挥全国图书馆事业中心的作用。

同时,进一步充实省、市、自治区图书馆的藏书和人员,改善必要的工作条件,从当前和长远来看,都是不可忽视的。有计划地发展区、县馆,逐步达到区区有馆,县县有馆,并加强对他们的辅导,保证它们的基本工作条件,是图书馆网建设中的重要环节。公共系统图书馆是图书馆网建设的一个重要组成部分。

科学技术系统图书馆是直接为科学研究、生产技术服务的图书馆。它们所属的系统较多,领导分散。如能按系统组织起来,在各系统之间,进行密切协作,将成为图书馆网的又一重要组成部分。中国科学院图书馆、中国医学科学院图书馆、中国农业科学院图书馆、中国地质科学院图书馆以及其它全国性的专业图书馆是各该系统的中心图书馆,应当进一步充实和加强,使之在各系统中真正发挥中心图书馆的作用。

高等学校图书馆也是图书馆网中的重要支柱之一。不少高等学校图书馆历史悠久,藏书丰富,有一定的工作基础。应当结合重点大学的建设,考虑图书馆的发展问题。目前,我国高等学校图书馆分属各校直接领导,在事业发展方面缺乏全系统的统一规划和具体指导,各校图书馆仍处于各自为政的状态,有待改进和加强。

除上述三大系统图书馆之外,还有政府机关、人民团体图书馆、部队系统图书馆、工会系统图书馆、农村图书馆(室)、中小学图书馆和城市街道图书馆等。这些系统的图书馆(室)也都是图书馆网中不可缺少的网节和基层网点,各主管部门应加强对它们的领导,给予必要的人员和物质条件的保证。各地区、各系统的公共图书馆与中心图书馆,应加强对它们的业务辅导,帮助它们有成效地开展工作。

在发展各种类型图书馆的过程中,要保证重点,有计划地重点加强一批中心图书馆,把它们作为现代化图书馆的重点建设单位,使它们在国家统一规划下,逐步成为我国的文献检索中心。条件成熟后,还应与国际上的有关检索系统相联。这样就可以在图书馆事业网的基础上逐步发展并最终建成我国自己的电子计算机文献检索网络。

2. 加强各系统图书馆之间的协调和协作

这是我国图书馆网建设的中心内容。因为仅有一定数量的图书馆，而不通过一定的方式把不同系统、不同类型的图书馆组织起来，构成一个有机的整体，仍不能成为图书馆网。关键是加强集中统一领导，通过协调与协作这种方式，把隶属于不同系统的各种类型图书馆组织起来。否则，分散的、单干的图书馆是不能实现图书馆组织网络化的。怎样建设一个统一的高效能的图书馆网呢？我们认为应坚持以下四项基本原则：

（1）集中统一领导与发挥两个积极性相结合。我国图书馆网建设速度的快慢，关键在于能否实现集中统一的领导。因此，从中央到地方都要加强集中统一领导，把不同系统的各种类型图书馆组织起来。同时还要发挥两个积极性：一是中央与地方的积极性，二是国家办馆与群众办馆的积极性。只有把各个方面的积极性调动起来，才能加快我国图书馆网的建设。

（2）大中小图书馆相结合。大型图书馆是骨干和协作中心，中小型图书馆是分支和基层网点。只有把大中小图书馆结合起来，才能发挥大型图书馆的骨干作用，才能使中小型图书馆普遍受益，从而使图书馆网逐步完善起来。

（3）地区与系统相结合。系统图书馆网是按照领导关系、专业性质组织起来的（即"条条"），藏书性质相近，任务大体相同，便于协作。这是图书馆网的重要组成部分。地区图书馆网是按行政区划，根据就地就近的原则组织起来的（即"块块"），包括一个地区的各种类型的图书馆。"条条"和"块块"这两者必须结合起来，可交叉组合，特别在现代化技术水平不高的情况下，强调建立以"块块"为主的地区图书馆网更为必要。因为地区图书馆网组织起来后，藏书丰富，就地就近服务，活动方便，收效更直接。

（4）协作中心与检索中心相结合。协作中心是按地区、系统通过组织手段实现的。主要是开展图书协调、馆际互借、业务交流、干部培训等。协作中心，一个地区，一个系统只有一个。电子计算机存贮检索中心，是根据各单位藏书基础，现代化设备条件，工作进展速度等形成的。它是通过现代化技术手段网络起来的。它的活动主要是图书情报资料的存贮检索、机读目录等。检索中心在一个地区，一个系统可能一个，也可能多个，有的可能跨地区、跨系统形成中心。但是，无论协作中心和检索中心，都是全国统一的图书馆网的组成部分，两者必须相互结合，相互补充。

三、图书馆网的活动内容

我国图书馆事业网正处在发展时期，计算机检索网还处于研究试验的初级阶段。因此，加强各系统、各类型图书馆之间的协调与协作就成为我国图书馆网现时活动的中心内容。

1957 年，在周总理的直接领导下，国务院第 57 次会议通过批准了《全国图书协调方案》，组成了国务院科学规划委员会领导下的图书小组，建立了两个全国性的（北京、上海），九个地区性的（武汉、沈阳、南京、广州、成都、西安、兰州、天津、哈尔滨）中心图书馆委员会，使我国各系统各类型图书馆之间的协调与协作，走上了由国家全面规划和统一管理的道路。

另外，除了《全国图书协调方案》规定成立中心图书馆委员会以外的地区，如河南、湖南、浙江、吉林、山西、青海、安徽、宁夏、新疆等省、区，也先后成立了中心图书馆委员会或协作委员会，并开展了图书馆之间的协调与协作工作。

我国图书馆之间的协调与协作的内容，主要有以下几个方面：

1. 藏书建设的协调与协作

实行馆际藏书协调的原则。首先是在藏书补充方面进行合理的分工，这就是说，必须考虑到各馆在全国和地区图书馆网中的地位和作用,根据它们的类型、特点及其具体任务,来确定其藏书补充的范围和重点以及具体原则标准,以便逐步形成全国、全系统和各地区的藏书中心。

在外文书刊的引进、分配和使用方面,实行馆际协调的原则尤为必要。由于我国现在不可能拨出很多的外汇用于购买外文书刊,加之近年来外国出版物不仅数量剧增而且书价猛涨,因而引进的外文书刊品种数量有限,还不能充分满足全国各地各单位的需要。在这种情况下,只有在图书馆网内统筹规划,有计划有重点地引进和合理分配,才能达到既满足国内需要,又合理使用和节约外汇的目的,才能避免在各馆之间出现的不合理的重复和缺漏现象。因此,外文书刊的协调应该是整个藏书协调的重点。

2. 编目方面的协作

主要是指统一编目和联合目录工作。统一编目工作不仅能在全国范围内节约大量的分编工作人员,便于统一全国图书的著录与分类,实现规格化和标准化,进一步提高分编工作的质量,而且能为过渡到用电子计算机编制中文机读目录打下基础。目前,我国统一编目工作还存在一些问题,如书卡不能同时到达,分编质量有待进一步提高,俄文统一编目尚未恢复、日文统一编目尚未开展等等。所有这些,都需要进一步加强与改进。

联合目录是揭示、报导多馆藏书的有效方式,也是把馆藏变为"国藏"的重要手段之一。在各馆藏书补充工作进入到统筹规划、有所分工的情况后,更需要这种揭示、报导多馆藏书的联合目录。

我国的联合目录工作,目前要做的工作很多,必须尽快制定出选题规划。各系统、各地区的各类型图书馆要齐心协力,分工合作,建立起我国联合目录报导体系,以适应新时期总任务的需要。并且加速研制和采用适合我国情况的现代化设备。

3. 书刊流通方面的协作

主要指馆际互借工作。这项工作使一本书仅在一个馆,一个地方起作用变为在全地区,全系统或全国起作用的有效措施之一。馆际互借早已是国内外图书馆广泛采用的互通有无的方法,但那是作为个别馆之间的业务活动。作为图书馆网的要求,则应把这种个别馆之间的合作,变为全地区、全系统和全国的有组织的大协作,逐步形成与全国、各系统、各地区藏书中心相适应的馆际互借中心。

为了使有限的书刊资料充分发挥作用,应大力发展静电复印与缩微复制的服务工作,特别是担负地区、系统或全国藏书和馆际互借中心任务的图书馆,应有一定数量的复印与复制设备,使那些单本书,罕见书或不便借出的书刊资料得到充分的利用。

4.图书馆学研究方面的协作

这项工作急待进一步改进和加强,要把全国的图书馆学研究力量组织起来,合理分工,同心协力,把图书馆学研究工作搞上去。

关于图书馆学的研究,从内容上看,应该具有先进性,既能反映我国图书馆事业的先进经验,也反映国外图书馆先进 技术和方法。从范围上看,要具有系统性,即应该包括图书馆学各个领域。既有适应于普及的通俗图书馆学丛书,也有适应于提高的高等学校图书馆学教科书和专门论著,同时还要有适合于图书馆应用的图书馆学辞典以及成套丛书,译丛和书目索引等工具。在研究方法上,应当进行比较研究和综合研究。在研究本国的同时,还要加强对国外的研究,必须对世界各国图书馆事业,各地区图书馆事业和国内各类型图书馆进行比较研究,分析世界各国各地区图书馆事业的组织,研究他们的服务手段,工作效率和技术水平,达到"洋为中用"的目的。我们要着眼现实,总结我国自己的经验,而与国外的情况比较则在于引进图书馆先进技术和方法,提高科学管理的水平。

5.培养干部方面的协作

要做好图书馆工作,就得有又红又专的干部队伍。在五十年代中后期,各地区中心图书馆委员会成立以后,对于在职干部的培养,都给予了很大的注意。很多地区中心图书馆委员会除了组织各种业务学习外,还举办业余大学或业余进修学校,比较正规地轮训在职干部。

当前,我国面临着建设一批现代化图书馆的任务。为了完成这个任务,人才的培养是一个关键。没有人才,就不可能掌握先进技术设备。现在,如果不从战略高度来计划和培训掌握图书馆新技术的人才,图书馆现代化是难以实现的。所以,图书馆界要加强协作,着手培养一批懂得图书馆现代技术的基础知识和基本技能的人才,学会新技术的操作和管理,研制和创造适合我国图书馆需要的新设备。

第三节 现代化图书馆网络

一、建立电子计算机检索网络的意义

图书情报资料的检索方法,多少年来,一直是停留在手工检索方式上。结合科学研究的需要编制的各种目录索引,如分类的、主题的、书名的、著者的、专题的,以至馆际之间所编的各种专题联合目录等等,虽然它们都发挥了重要的作用,但是还不能越出手工编制的功能,存在着速度慢,效率低,工作重复和不能从多种角度满足读者需要的局限性。

五十年代以来,随着科学技术的不断发展,图书文献资料急剧增加。手工检索方式已远远不能满足需要,只有采用机器检索,才能有效地适应各方面的要求。随着电子技术的发展,图书情报资料从手工检索逐步过渡到机检,已成为必然趋势,这是图书情报工作的一项巨大的变革。

在各系统图书馆或情报单位之间,建立检索网络,充分发挥图书情报资料的作用,是图书馆界和情报工作早就提出的课题。在国外图书情报检索机械化的过程中,主要有两种做法:一是在一个院校或一个机构范围内自行选购设备,建立检索系统;一是几个单位联合起来搞检索中心。目前他们已逐渐地向着联合起来组织中心,建立检索网络的方向发展。组织起来的范围大体上有两种:一种是在地区范围内组织检索中心,一种是在专业范围内组织检索中心,进而向全国以至国际间发展,形成跨地区甚至跨国的国际性检索网络。这种以电子计算机为中心的图书情报联机检索网络,能够最大限度地发挥图书文献的作用。研究人员在任何地方都能通过检索网络查看全国的甚至是其它国家的科技文献,并在短时间内获得所需要的图书情报资料。所以,检索网络的建立,是充分发挥计算机功能,多快好省地利用图书情报资源方法的又一次飞跃。

二、检索网络的组织

图书情报检索网络是一个综合性技术。它是电子计算机技术和现代通讯技术对图书情报处理的结合体。组织检索网络就是把分散在各地区和各专业系统的独立的计算机系统用通讯线路连接起来,使各个地区与专业用户,都能相互使用对方的图书情报资源。同时,在相互利用图书情报资源的基础上,适当分担对方的情报载荷量,使原来各自独立的计算机系统的载荷负担,在网络中得到平衡,从而使图书情报资源的利用更加迅速、准确、广泛和有效。

在建立检索网络时,应着重考虑的主要构成因素是:检索网络的布局、级位和通讯设施。

1. 检索网络的布局

如前所述,我国图书馆事业网有纵横两条系统:从纵的方面讲,是指按领导关系和专业性质组织起来的有上下隶属关系的系统图书馆网;从横的方面讲,是指按行政区域通过协作和业务辅导关系将各类型、各级图书馆组织起来的地区图书馆网。因此,在检索网络中应有两条线:一条是以系统或专业为主的竖线,另一条是以组织各系统、各专业而形成地区检索中的横线。这样,就分明有着两个中心,即国家检索中心和地区检索中心。

国家检索中心是检索网络的主体。它应具备这样的条件:

(1)特大规模的可供检索的图书情报资料,应设立相当规模的文献数据库。

(2)有协调和统一全国检索标准的能力。统一标准的内容主要包含数据库的建立、资料档的设计、磁带磁盘的技术规格、机读代码、文献主题分析、资料记录形式、检索语言以及计算机接口的标准化等。

(3)有足够的设备。

这三者缺一不可。国家检索中心在具备上述条件以后,它应该起以下的作用:

(1)实行国际性的情报检索。

(2)发行统一的情报载体,如磁带、磁盘。

(3)连接各地区的检索中心。

(4)连接专业分工的检索中心。

地区检索中心的作用,主要表现在以下两个方面:

(1)将本地区的各类型图书馆和情报机构在地区范围内连接起来,形成地区检索中心,满足本地区检索的需要。同时,有联结几个终端装置的能力。

(2)能够形成地区性图书情报检索的特色,便于全国专业检索的集中性。

建立两个检索中心,必须实行国家与地区,即"条条"与"块块"相结合的原则。

检索中心应该设在科学技术、文化教育、厂矿企业较集中的地区,这也是图书情报使用和情报产生频率较高的区域。在建立地区检索网络时,可以采取星状布局法。国家检索网络可以采取星状布局和线型布局相结合的方法,即国家与地区以星状布局、地区与地区以线型布局的方法。

这样的布局结构的优点有二:(1)我国土地广阔,国家检索中心与地区检索中心之间以及地区与地区中心之间,相距甚远,频繁的使用远距离通讯线路不仅不经济而且速度受影响,建立完整的地区网络所需情报在地区得以解决,从经济和速度上都是有利的。同时,地区与地区之间是线型结构,相邻地区在情报检索中可以互相弥补。只有在地区难以解决的情况下再与国家中心对话,求得解决。这样可以减轻国家中心的负担,发挥地区检索中心的作用。(2)把星状布局与线型布局结合起来的布局法,适合我国社会主义制度的要求。既便于集中领导,统一规划和统一标准,又由于这样的布局层次结构比较严谨,国家和地区,各专业之间以及地区与地区之间,各自具有相对的独立性,又具有全国的统一性,能充分实现社会主义大协作,既有分工,又有各自的检索特色。

在国家与地区相结合的基础上,我国统一的图书情报检索系统可以分作两步完成。第一步,首先在省、市以上的图书馆和专业情报单位内建立起计算机成批检索系统。通过使用统一规格的磁带,把各个检索系统统一起来,每个系统都可以分别进行新到情报资料的定题检索和过期资料的回溯检索。这一阶段,检索系统的主要使用者是图书情报工作人员,他们是用户与计算机之间的桥梁。用户不直接使用计算机。第二步,在第一步基本实用和完善的同时通过数据通讯网络,逐步在各大型企业和研究机构内建立终端,实现用户直接使用终端设备的联机检索。这一阶段,用户可以通过终端装置直接使用计算机,通过中心计算机检索出的情报资料可以在远方的终端装置上显示出来。在第二步实现的同时,我们应该建立全国的检索网络,并利用卫星等通讯设施进行国际性情报检索。

2. 检索网络的级位

图书情报检索网络的级位不是一成不变的,在需要和条件许可的情况下,随时可以扩大和增加。这不仅取决于计算机的功能和数量,而且也取决于通讯设施的具体运用。

在我国,图书情报检索应以四级为宜,即国家检索中心一级,地区检索中心一级,大型联合机构一级,用户终端一级。在这四级网络中第一级、第四级目的比较明确,唯以第三级最为复杂,如大学、科学院、联合企业、专业中心等。因为这些机构,不但是情报的使用者,同时还是情报的产生者。大学里的各系、各所,科学院的各所、各室,联合企业的各个部门,他们应该有自己的小网络。所以这一级与地区检索中心一级构成网络时,应考虑他们各自对情报输入存贮的相对独立性,他们应该有自己的文献数据库,随时予以更新。

3. 检索网络的通讯设施

在确定了情报点的位置以后,将这些情报点采取怎样的通讯工具连接起来,这是建立网络要考虑的又一个重要因素。通讯工具的采用,应该根据经济价值、距离以及所需情报的类型等因素来确定。可以是电话线路,也可以是通讯卫星。

根据我国的实际情况,第一步采用电话线路作为通讯方式是可行的。电话的发呼是对等的。只要经过检索中心的交换装置,就可以通达各点。电话设施在我国目前虽还不十分普遍,但已经有了相当的规模,已有一套电话网络的管理经验。而且,电话已为人们所熟悉,是易于掌握的通讯工具。

在组织现代化图书馆网络的过程中,由计算机的开始使用,到联机检索,到全国检索的网络化,这个过程,在技术上要求一系列的标准化。标准化应当放在图书情报检索现代化的重要位置上加以考虑,各行其是是不行的,各行其是会给以后的发展造成极大的困难。我们要加强集中领导,统一组织,统一规划,统一标准以及机构之间的互相协调,具有我们自己特色的计算机图书情报检索网络一定会在全国建立起来。

参考书目

1.《为建设现代化图书馆网而努力工作》 韩承铎 鲍振西 《北图通讯》 1978 年第 2 期

2.《我国图书馆网建设初探》 杜克 《图书馆学通讯》 1979 年第 1 期

3.《学习列宁关于组织图书馆网的教导》 徐文绪 《北图通讯》 1978 年第 2 期

4.《论我国图书馆网的建设》 梁林德 吴慰慈 《吉林省图书馆学会会刊》 1979 年第 1 期

5.《论我国图书情报检索的现代化问题》 刘荣 《武汉大学学报》(哲社版) 1978 年第 5 期

6.《英国图书馆的现代化与网络化》 中国图书馆界访英代表团 《北图通讯》 1979 年第 1 期

7.《美国的图书馆网》 巴·埃·马尔克森著 肖自力译 侯汉清校 《黑龙江图书馆》 1978 年第 4 期

第五章　图书馆藏书

藏书是图书馆的物质基础。社会上的书刊资料经过图书馆收集、整理、加工、组织，变成图书馆的藏书，然后再向读者借阅流通、传递使用。收集、整理、加工、组织、保管藏书，是图书馆的藏书工作。藏书工作的各个环节，都有自己的特点，都有不同的要求和方法，但是它们作为一个整体，是为了建设一个科学的高质量的藏书体系，能够满足读者的需要。为此，就要研究现代出版物的类型，明确藏书建设的原则，了解藏书收集的方式和途径，同时还要懂得如何科学地整理藏书，合理地组织藏书，以及妥善地保管藏书。

第一节　出版物类型的研究

一、现代出版物的特征

现代出版物数量庞大，增长迅速，内容广泛，形式复杂，具有多种社会功能，是人类不可缺少的文化资源。

1. 数量庞大，增长很快

科学技术的迅速发展，反映了人类对自然界和社会认识的深化，改造能力的增强，也极大地推动着现代出版物的发展。各个知识领域的文献资料发展数量越来越庞大，增长速度越来越高，被称为爆炸性的增长。据估计,六十年代,全世界出版的图书种数为二十五万种,期刊品种为二万种。七十年代初,图书已增至五十万种以上,期刊增至五万种。预计今后的增长速度还要快。面临着数量庞大的现代出版物,图书馆在收集、整理、传递图书情报工作方面,出现了许多新情况、新问题,有待解决。

2.类型复杂,形式多样

传统的书刊,主要是印刷形式的图书、期刊、报纸、图片等。而现代出版物,除了类型繁多的印刷形式广泛发展之外,还出现了大量非印刷形式的信息载体,如缩微资料,视听资料,计算机可读资料等等,它们大都是以塑料性材料为媒介的信息载体。各种形式的文献资料并存是现代出版物的特征之一。

3.时效性强,新陈代谢频繁

科学技术的发明创造不断出现,产品设计与工艺流程不断更新,许多专业知识很快被新的知识、新的理论、新的学说所代替。这一特征反映在现代科技期刊文献资料出版上是出版刊期短,速度快,内容新颖,新陈代谢频繁。专业科技文献情报知识的时效性很强,使用寿命逐渐在缩短。这个特征要求图书馆必须加快图书情报传递的速度,提高文献检索的水平,才能适应生产技术和科学研究向现代化发展的需要。

4.广泛分散,相互交叉渗透

科学技术发展的趋势,向着分化与综合两个方面前进。分化的趋势导致学科愈分愈细,分支愈来愈多;而综合的趋势导致各个学科互相交叉渗透,出现许多边缘学科、综合学科、相关学科,学科之间的严格界线在消失转化,学科之间的相互联系在逐渐加强。反映现代科学技术的文献资料,一方面内容广泛分散,复杂多样,很不集中,另一方面相互渗透,彼此重复交叉的现象很严重。一个刊物刊载许多学科的论著;一个学科的论著分散发表在许多刊物上;同一刊物出版几种不同的载体形式;某些学术成果只刊登在特定的文献资料上；一书多版，旧书改版；不同语种互相翻译等等，给文献资料的收集、整理、传递利用带来许多新的困难和问题。

二、现代出版物的类型

把复杂多样的现代出版物，科学地划分其类型，研究不同类型的性质、内容、特点和作用，便于图书馆有目的的、有选择地收集藏书，科学地整理、组织藏书，有针对性地宣传推荐藏书，有区别地传递使用藏书。

1.按内容性质划分出版物

（1）指导性文件

主要指我们党和政府发表的有关决议、指示、报告、法令等文件。它们的现实性强，政策性强。为了及时地同群众见面，一般首先刊登在各种报纸上，并通过广播、电视播放，然后再用单行本、汇编本等书籍小册子的形式单独出版发行。

（2）科学著作

包括古今中外的科学家、思想家、社会活动家、学者及一般作者的科学论著、学术专著以及资料书。它们的内容涉及社会科学、自然科学、技术科学各学科领域，一般是围绕某一学科或某一专题进行系统论述。这类著作对于读者系统地进行专业学习和研究参考有较大的价值，在科学图书馆藏书中占有重要地位。

（3）通俗读物

是指普及科学文化知识性的出版物。它们的内容深入浅出，文字通俗易懂，形式生动活泼，往往具有图文并茂的特点。它们的主要阅读对象，是具有初等和中等文化水平的广大群众，尤其为广大青少年所爱好。这类读物，在大众性图书馆和基层图书馆的藏书中，占有较大的比重。

（4）教材

一般是指大学的教学用书。各种教材都是按照一定学科的内容体系,并结合学生的知识水平系统编写的。它具有内容相对稳定,阐述系统完整,表述概括清楚的特点。高等学校的教材理论性强,一般都可作为科学专著学习参考。其中,一部分比较成熟定型,作为教科书公开出版发行,而大部分由学校印刷,供内部使用。教材是学校图书馆收藏的重点,一般都具有品种多、复本量大的特点。

（5）工具书

主要指参考工具书,也包括检索工具书,是各类型图书馆必备的藏书成分之一。工具书涉及的知识内容广泛,形式多种多样,有字典、辞典、百科全书、年鉴、手册以及书目、索引、文摘等。它是学习、研究的助手,帮助人们解答疑难,提供线索。工具书主要供人们参考或查找资料线索,一般不作为系统学习材料。按照性质内容,可分为综合性的工具书和专业性的工具书;按照用途,又可分为参考性的工具书和检索性的工具书。

（6）特种文献资料

是一些出版形式比较特殊的科学技术资料。这一类型出版物有科技报告、外国政府出版物、会议文献、专利文献、技术标准、学位论文、产品样本等等。特种文献资料,内容广泛新颖,类型复杂多样,有的公开发表,有的内部发行。它们从不同领域反映了当前科学技术的发明创造、发展动向和最新水平,对于生产技术和科学研究有重要的参考价值。

①科技报告

也称研究报告。它是研究课题进展情况的实际记录,反映各阶段的研究成果和最后的总结报告。它包括技术备忘录、札记、技术报告书等。它不同于一般的图书,也不同于期刊。它所报道的科研成果比期刊论文快得多,它的内容专深具体。由于它的保密性、时间性和内容高度专门化,因此,它采取一个报告单独成一册的办法,每件报告有机构名称,统一编号。

②政府出版物

这是各国政府部门及其专门机构,根据国家的命令出版的文件。它大致包括行政性文件(如法令、条约、统计等)和科技文献(如研究报告、技术政策等)两大类。它们在未列入政府出版物之前,有些已出版过,也有的是初次发表。政府出版物对了解各国政治、经济、科学技术情况,是一种重要的资料。

③会议文献

这是指各国与国际性学术会议文献,它是传播情报、交流学术最新进展的资料。它们大多是在会议上宣读的论文,报告汇编。这些论文、报告往往以会议录的形式出版,能反映科学技术的最新成就和发展趋势,是科研人员的重要参考资料。

④专利文献

专利是各国政府鼓励发明创造,保护发明创造者的正当权益不受侵犯的一种保护登记制度。专利文献主要是指专利说明书,即发明人向政府申请专利的发明创造说明文件。在说明书中,常常论述其发明解决了什么特殊问题,解决的方法和实例,对旧有产品的改进及其用途等。因而专利说明书是一种重要的科技情报来源。

⑤技术标准

它主要是对工农业产品、工程建设质量规格及其检验方法等所做的技术规定。每一件技术标准都是独立完整的资料。技术标准的新陈代谢较频繁,它随着经济条件和技术水平改变不断修订。它作为一种规章性的技术文献,具有一定的法律约束力。

⑥学位论文

这是国外高等学校学生、研究生为了获得学位而撰写的论文。学位论文大多数是经过一定审查的原始研究成果,一般不出版,但可供应复制品。论文一般篇幅较长,其实验方法、设备和数据较全,探讨的问题较专,质量参差不齐。其中不少论文具有独创见解,是重要的学术性文献资料,对研究工作有一定参考价值。

⑦产品样本

又称产品说明书,是对定型产品的性能、构造原理、用途、使用方法及产品规格所作的说明,包括单项产品的样本,企业产品一览等等。由于它代表已投产的产品,在技术上比较成熟,数据比较可靠,并有较多的外观照片、结构图,直观性强,便于选型、仿制及供设计新产品参考。

2. 按出版形式划分出版物

（1）印刷品

即传统的纸张印刷品。印刷方法有铅印、油印、胶印等。纸张印刷品的优点是便于阅读流传,不受时间、地点、条件的限制,缺点是比较笨重,脆裂易破,收藏、整理、保管比较麻烦。印刷品种类很多,主要有以下几种。

①书籍

是比较成熟定型的一种出版物。它有封面、书名页、正文,并装订成册,论述问题全面系统。从时间上看,书籍出版比报刊周期长。从出版数量上看,书籍出版的品种和册数量较大。书籍是图书馆藏书的主要成分。

②小册子

是一种篇幅较小的图书。各国都有不同的规定,联合国教科文组织规定49页以下的图书称为小册子。小册子区别于图书的,主要是装帧简单、出版及时、现实性强、宣传效果大。它多属于配合各时期政治运动的宣传教育读物,以及普及文化科技知识的通俗读物。由于它的时效性强,所以图书馆对各种小册子,都应及时采购,及时整理,及时提供利用。

③期刊

也称杂志,是指具有固定名称,每期版式基本相同的连续刊行的出版物。它的内容围绕某些学科或某一研究对象而由许多文章编辑而成。期刊出版刊期短、速度快,内容新颖,及时反映最新知识和最新研究成果,对科学研究工作有重要参考价值。它是各类型图书馆收藏重点成分之一。

④连续出版物

是介于图书与期刊之间的一种连续性的出版物。具有内容广泛,类型复杂,出版形式灵活多样等特点。连续出版物每年所发表的文献约一百万件左右,占全部文献量的五分之一。连续出版物的出版分散,由于时间、流通和保密等原因,多数不公开发行,收集它们比较困难,目前世界各国都普遍重视对这类出版物的收集。它们的类型很多,有单主题的,也有多主题的。如年报、会议录、预印本、论文、技术报告、通报、文稿、纪要等等,有比较重要的参考价值。

⑤报纸

是一种宣传报导最迅速的出版物。报纸出版快,数量大,开本大,传递及时,阅读面广,成为人们每天不可缺少的生活组成部分。报纸分全国性的,地区性的,综合性的,专门性的,大多为日刊,也有周报。它是各类型图书馆必备的藏书成分之一。报纸的出版形式逐渐增多,有单张的,也有装订本的;多为大开本,也有小开本的;多数用肉眼阅读,也有用阅读器方能阅读的缩微型。

⑥其他

此外,还有其他形式的出版印刷品,如地图、图片、乐谱等。这些印刷品,由于内容和形式上的特点,往往需要单独保管和使用。

(2)缩微型

亦称缩微复制品,包括缩微胶片、缩微胶卷、缩微卡片等。它们具有不同的缩小倍率,能将文献缩小几十倍、几百倍,甚至成千上万倍。它们的体积小,重量轻,存贮量大,节省书库空间,便于保存、转移,适用于自动化检索,但阅读不方便,必须借助于缩微阅读机及其他辅助条件,增加阅读设备和阅读空间。缩微复制品能够弥补印刷品的不足,使图书馆的绝版书、孤本书通过缩微复制获得复本,便于保管与流通使用,适应图书情报工作现代化的需要。文献资料的缩微化,是图书情报工作现代化的发展趋势之一。

①缩微胶片

是一种透明的缩微复制品,它是将文献资料用缩微复制照相机拍摄于感光胶片而成。使用的感光胶片有不同的规格,有105毫米,70毫米,75毫米和16毫米等几种。一般使用的规格为105毫米×148毫米。缩微胶片分三种类型。普通缩微胶片,每张可拍摄六十——九十八页文献,超缩微胶片,每张可拍摄二千五百——三千二百页文献,特超缩微胶片,每张可拍摄到二万二千五百页文献。

②缩微胶卷

也是一种透明的缩微复制品,它是用成卷的胶片连续拍摄而成。每卷胶卷的长度视文献资料的长短多少而定,有三十米,五十米不等。缩微胶卷是现在缩微型中最基本的品种。它适用于复制成套的文献资料,便于保存和再复制。多用35毫米和16毫米的胶卷,每卷可分别缩摄一千四百页和二千八百页文献。

③缩微卡片

是一种不透明的缩微复制品,实际上就是缩微照片。它的大小和普通目录卡片相仿,一般是75毫米×125毫米。缩微卡片缩小的比例为24比1左右,单面的每张可印四十至六十页文献,双面的可增加一倍。在缩微卡片的上部,印有用肉眼能直接看清的文献名称、编号等,因此,可以将缩微卡片像普通目录卡片一样排列在目录柜中,查找使用都很方便。

(3)机读型

指电子计算机可以阅读的资料,主要有磁带、磁盘等。这是近年来出现的一种新的资料形式。它主要是通过编码和程序设计,把文献变成数学语言与机器语言,输入到计算机中去,存储在磁带或磁盘上,阅读时再由计算机输出。

①磁带

磁带是由塑料带上附上一层磁性物质而制成。目前,国产磁带记录密度为每毫米20—30个二进制信息,磁带宽为半英寸和一英寸,磁带道数为9道和16道,长度为800—1000米,厚度为50和37微米两种。它具有存贮容量大,成本低,能多次使用,长期保存而不破坏信息等优点。

②磁盘

磁盘的信息记录在圆盘表面的磁层上。磁盘兼有存贮容量大、存取快,并能处理越来越大的数据等优点。为了使产品小型轻量化,磁盘片只有百分之十至百分之二十英寸厚,磁盘的直径为7—8英寸,磁盘外面采用10—14英寸直径的盘片。盘片有单片、六片和十二片不等,也有的把盘片装在一个匣子里,称为单片匣式磁盘。

(4)视听资料

包括唱片、录音带、录像带、视听唱片、幻灯片、科技电影片等。这些材料脱离了文字形式,直接记录声音和图像,使人闻其声,见其形,给人以直接感觉。因此,也称直感资料,或称声像资料。这类资料对于科学观察,知识传播都能起到独特的作用。随着形势的发展,视听资料在图书馆的藏书比重逐渐增加。使用视听资料时,视听设备是必不可少的。

第二节　图书馆藏书建设

一、藏书建设原则

我国社会主义图书馆,以马克思列宁主义、毛泽东思想为指导,从实际情况出发,根据图书馆的具体性质、任务、读者需要、原有基础和可能条件,有目的、有系统、有分工地建设藏书。

1. 目的性原则

图书馆有不同的类型,由于它们的性质任务不同,服务对象不同,因而收藏书刊资料的范围和重点都有不同的特点与要求。

图书馆有目的地收藏书刊资料,应考虑四个方面的因素。

第一,图书馆的方针任务。各类型图书馆都有特定的方针任务。县、区公共图书馆,主要担负着为广大群众的思想教育和普及科学文化服务的任务,主要收藏综合性、现实性、推荐性、通俗性的书刊。省市公共图书馆同时担负为科学研究和广大群众服务的任务,以为科学研究服务为重点,除了收藏综合性、基础性的中外书刊以外,要重点收藏有关发展本地区经济、文化、科学技术方面的专业书刊文献资料。高等学校图书馆,主要服务于学校的教学和科学研究,收藏适合专业需要的中外教学参考书刊和科学情报资料。总之,不同的方针任务,决定不同的藏书范围和重点。

第二,按照服务对象的需要收藏图书。各类型图书馆都有自己特定的读者对象,有特定的服务单位,有主要的,有一般的,还有重点与非重点之分。除了其他因素外,图书馆还要根据主要读者或重点服务对象的实际需要,建设重点藏书,同时也要兼顾非重点读者的需要建设一般藏书。

第三,图书馆的性质决定其藏书的成分与内容。图书馆的性质,可分为科学性的与大众性的,综合性的与专业性的,全国性的与地方性的等等。每个图书馆,都有其特定的性质。如北京图书馆,是我国的国家图书馆,兼有全国性、综合性、科学性和公共性多种性质,它的藏书要求"国内求全,国外求精"。就是说,国内的书刊资料要全面,系统入藏;国外的书刊资料,要结合我国的实际需要有选择、有重点的入藏。要成为国家书库和全国图书情报资料的中心。省市公共图书馆,其性质则带有地方性,因而它的藏书兼有综合性、科学性和地方性的特色。科学院系统的研究所图书馆，它的藏书内容专深，成分上专业性强，外文书刊资料比重大，与大众性的基层图书馆的藏书截然不同。

第四，地方特点对藏书建设影响很大，特别是地方各级公共图书馆，各地的经济、文化状况，地方传统，民族特点，决定了藏书的地方特色。各省市公共图书馆，因地区经济、文化、历史特点的差异，使其藏书在地方出版物、地方文献资料等方面，带有各自的地方特点。地方特点对其他类型图书馆的藏书建设，也有不同程度的影响，但比起公共图书馆，不是那样显著。

以上四个因素，对图书馆的藏书建设都有程度不同的影响。各类型图书馆，只有全面考虑各方面的影响。从实际出发，才能建设有针对性的、符合需要的藏书，避免盲目乱购，藏非所用。

2. 系统性原则

藏书的系统性、完整性是图书馆性质与职能的要求，也反映了藏书建设的特点和规律。藏书的系统性、完整性，主要是指重点藏书的全面系统，某些大部头丛书成龙配套，重要刊物完整无缺，使之既有保存价值，更有使用价值。至于其他藏书，只要有广泛性、适用性就可以了，不可能要求都有系统完整的特点。

藏书的系统性、完整性是长期收集，系统累积而成的。藏书体系的形成，往往需要很长时间的累积才能见效。科学研究的继承性，书刊出版的连续性，重点藏书的系统性，要求补充藏书注意累积，延续不断，不能随意中断，否则，就会造成藏书残缺零散，失去它应有的价值。

有系统地建设藏书，要处理好几个关系。

（1）重点藏书与一般藏书的关系

有重点、成体系地建设藏书，对于有效地服务读者非常重要。任何一个图书馆都没有力量，也没有必要将古今中外的一切出版物统统收集入藏，总是有重点、有选择地收藏所需要的书刊资料，使有限的经费发挥最大的效用,要求做到保证重点,照顾一般。

一切图书馆,藏书重点必须明确、突出。这关系到藏书建设的百年大计,关系到图书馆长远发展问题。重点藏书要求系统、完整、全面、及时。必须突出重点藏书的建设,不能平均使用力量;重点藏书一经确定,不要轻易变更,应当贯彻始终,使之形成藏书特色。

在着力抓重点藏书建设的同时,也要兼顾读者多方面的需要,注意一般藏书的补充。在力所能及的情况下,有选择地补充一般性的藏书,尽量满足读者的广泛需要,发挥图书馆的多种职能和作用。

（2）数量与质量的关系

图书馆在建设藏书时,既要注意图书的数量,也要重视图书的内容质量。只有把两者很好地统一起来,才能满足读者对藏书的数量和质量两方面的需要。在选择图书时,必须强调质的方面,注意搜集观点正确、科学价值高、实用价值大的书刊资料。同时也要注意藏书的基本数量,因为数量过少,无法满足读者的起码需要。一个图书馆,没有基本数量的藏书,质量也无从谈起。特别是图书的种数,既包含着量的方面,也包含有质的方面。

总之,在藏书建设中,在重视收集选择高质量的藏书时,也要注意一般图书的配备。处理好数量和质量的关系,以便有重点而又广泛地为读者服务。

（3）品种与复本的关系

正确处理藏书中品种与复本的关系,是贯彻系统性原则,提高藏书质量,满足读者需要的重要方面。

任何图书馆购书经费总是有限的,在购置有限的藏书中,品种和复本之间必然存在着一定的矛盾,影响藏书质量和读者需要。品种增多,复本就相应减少,反之,复本增多,品种就减少。"种多册少"的办法适用于部分图书补充,如科学院系统的图书馆补充科技书刊,外文原版书刊以及珍贵的大部头书刊,不仅要做到"种多册少",而且只保证品种,不要复本。至于主要读者经常用的书刊,需要有一定的复本量供应,不能简单地采用"种多册少"的办法。如高等学校图书馆的教学参考用书,就不适用"种多册少"的原则。一般说来,对于专业学习、思想教育和文艺作品书刊的补充,要求品种少而精,保证一定的复本量;对于着重为科学研究利用的书刊资料,则品种宜多,复本宜少。品种与复本的关系,关键是复本率的规定问题。

确定各类藏书的复本标准是一件细致复杂的工作。复本确定不当,会影响藏书质量。过多了,造成浪费,过少了,不能满足读者的需要。复本的多少,一定要根据图书的内容价值,并结合借阅的需要,拟定切合实际的复本补充基数。复本比例,应视读者借阅的集中程度,以及有无长期使用价值而定。总之,图书馆处理好藏书的品种和复本的关系,必须因时、因地、因书、因馆制宜。

3. 分工协调原则

图书馆馆际藏书建设的分工协调,是图书馆事业发展的整体性需要,也是图书资源的保存和共享的要求。馆与馆之间在藏书补充方面既有明确的分工,又要有紧密地协作,才能有利于合理使用经费,节约外汇,保证书刊的补充与合理分配,有利于提高藏书质量,形成各馆藏书的系统性和各地区、各系统,以至全国的藏书体系,促进图书馆事业的发展。

藏书的分工协调,要树立全局观点,克服各自为政、贪多求全的本位主义思想。各馆应根据馆际分工,明确各自的采购重点,平衡采购品种,协调相互间藏书的复本配备与利用的问题。各馆的藏书补充,尤其是外文书刊资料的补充、入藏,应作为一个整体,看作是图书馆网统一藏书的组成部分,作为广大读者共同享用的财富。在全国和地区范围内,实现馆际统筹规划、明确分工、合理入藏的部署,对图书资源进行合理分配和共同利用,充分发挥各馆藏书的效能,更好地满足读者的需要。图书馆界的协作、协调机构,通过周密细致的调查研究,总结经验和统筹安排,应制订出全国的或地区的切实可行的藏书协调方案,克服那种盲目采购以及平行重复的严重浪费现象。为了保证图书资源的共同利用,还要采取各种有效措施,建立全国的、地区的以及各系统的目录资料中心,编制新书通报与联合目录,开展图书交换,调拨和复制图书的工作。

馆际藏书分工协调,除了补充新书的内容以外,还包括对现有藏书的调整、交换、调拨以及复制工作。这不仅可以互补残缺,互通有无,扩大书源,节约经费,而且可以提高藏书质量,充分发挥藏书的利用率。

贯彻藏书分工协调原则,必须解决思想认识上、组织上和具体方法措施上的一系列问题。只有在广大的范围内进行藏书分工协调,才能使藏书建设适应广大读者对图书资源日益发展的需要。

4. 藏书剔旧原则

补充新书,剔除旧书,是藏书建设的两个方面。有进有出,新陈代谢,才符合藏书发展的规律。剔除藏书中陈旧过时和复本过多的书刊,处理流通中损毁的书刊,储存保管少量流通率很低的书刊,是图书馆不断整顿藏书的一项重要任务,也是藏书组织中的一项经常性的工作。

随着形势的发展,时间的推移,图书馆藏书中必然会出现一些陈旧过时、复本过多、流通率很低以及一些破旧不堪的书刊。这些书刊,对广大群众和本馆主要读者,已失去利用价值,继续保存在书库,不仅毫无意义,而且影响了藏书的正常管理与流通,影响提高藏书质量,造成书库空间的紧张和大量人力物力的耗费,一部分藏书不能发挥应有作用,也影响图书馆工作的效率。产生陈旧和失效书刊的原因,有政治方面的:如国内外政治风云的变换;时代性很强的社会科学著作、时事政治书刊,自然失去时效;也有一部分科技书刊随着科学技术的发展而陈旧过时，为新的所代替；还有图书馆本身的任务和读者对象的变化，使一部分藏书的利用率逐步降低，甚至长期压架，无人利用；此外，还有一部分书刊在反复流通借阅中严重破损，或本来只作短期阅览不作长期保存的复本、零散报刊资料，无法再继续流通使用。

图书馆藏书的新陈代谢的现象是很正常的，符合藏书发展的规律。问题在于如何正确认识和处理。实践表明，除了少数大型图书馆以外，大多数的图书馆对于失效和陈旧的藏书，没有永久储存保管的必要。一般图书馆的藏书，应经常剔旧更新，以保证藏书的质量，使藏书经常得到读者的利用，不断地处于流通之中。不过在实践中藏书剔旧是一项十分复杂仔细的工作，要慎重研究，不要草率从事。

藏书剔旧包括审查图书、剔除图书和处理图书几个环节。审查图书要慎重，根据党的方针政策，图书馆的任务和读者的利用情况，结合图书的使用价值进行。不能以出版时间划线，而应以实践效果来检验。在具体审查藏书时，对不同性质、不同学科的图书应有不同要求，分别作妥善的处理，或剔除，或提存，或调拨交换，或限定阅读范围和阅读条件，或报废。对于藏书体系发展中的失调现象，应分析原因，找出解决办法，予以合理安排和妥善处理。

二、藏书建设的调查研究

藏书建设的好坏，关键在于调查研究工作。所谓藏书的调研，就是摸清读者的需要，掌握馆藏及出版发行方面的情况。通过调研，做到心中有数，以便制订出切实可行的藏书建设计划，全面系统地建设藏书。

1. 馆藏的研究

为了有的放矢地补充藏书，必须经常地有重点地检查和研究馆藏情况，摸清家底。这是保证藏书的系统、完整，做好补配缺漏以及建立藏书体系的必要措施。只有掌握现有藏书和客观需要的距离，才能把握藏书发展的方向，真正做到有目的地建设藏书。

对馆藏进行研究，可以从数量和质量两方面着手。藏书的数量，可以利用藏书登记、统计材料，或馆藏总目录检查藏书的总量和各类藏书的数量。对各类图书的流通率和拒绝率进行综合分析比较，可以了解各类藏书的品种、复本及其比例，查找其薄弱环节。检查藏书的质量，可利用全国总书目、联合目录、专题目录或书评材料来检查本馆藏书的思想内容、科学价值和使用价值；检查各类书刊和必备书刊的入藏情况；注意各类书刊中最新、最基本、最重要的著作是否入藏；重点书的配备情况，以及丛书、多卷书、期刊等有无缺漏等等。通过检查，了解馆藏系统完整程度，找出藏书中的缺点和存在问题。制订补充计划，有针对性地充实馆藏的薄弱环节。

2. 读者需要的调查

藏书建设是以读者需要为出发点，以读者利用为直接目的。读者的情况，他们对各类藏书的需要程度，以及他们对馆藏的利用情况，都要做详细具体的调查了解。

读者需要的调查，包括图书馆所在地区或服务单位的需要，以及读者的需要两个方面。应了解本地区经济、文化、教育、科学发展情况，本馆服务单位的生产、科学研究任务，以及他们对书刊资料的需要。同时，还要采用各种有效方式，广泛了解读者的需要。可以从读者服务部门去了解读者的基本情况，掌握各类读者的成分、文化程度、阅读兴趣、对各类藏书的利用情况。研究读者对书刊需要的发展变化规律，作为藏书补充的基本依据之一。

3. 书源的调查

图书的来源广泛复杂，有公开出版发行的，有内部交流的；有国内的，有国外的；有预订购买的，有交换赠送的。掌握国内外出版发行情况，了解有关单位非正式出版物情况，了解兄弟馆藏和社会上散见的私人藏书情况，以便能够及时采购所需要的书刊，有效地补充难得书刊，广泛收集各类型图书。

掌握国内出版情况，了解中央和地方各出版社的性质、任务、出版范围和特点，收集它们的出版计划、出版动态和出版目录，以此为根据，做好藏书补充计划。

掌握国内的发行情况，了解各地新华书府、外文书店、古旧书店、邮局以及中国图书进口公司的发行范围、发行动态，收集各种预订目录，及时选择订购，主动加强与各发行单位的联系，有系统地采访书刊。

掌握国外出版发行情况，了解各国重要的出版社及发行单位的名称、地址、特点及发展变化情况。全世界一百多个国家和地区，有几万家出版发行机构，尤其是资本主义国家的出版发行机构五花八门，有政府官方办的，有单位部门办的，而大量的属于私人出版商办的。它们具有很强的垄断性、竞争性和商业性的特点。许多出版商变化无常，出版的书刊改头换面，重复严重，价值不大。真正重要的出版机构只有数百家，它们的历史长，出版稳定，信誉好，影响大，出版物有较大的参考价值。通过报刊资料及其他渠道，甚至直接进行接触联系，调查了解它们的出版发行特点，掌握其出版规律，准确及时地引进我们所需要的书刊资料。

掌握内部出版物的发行情况，了解国际组织、学术会议情况，了解我国和世界各国有关政府机构、学术团体、高等院校和科学情报部门的情况。它们经常编印大量的非正式出版物，是图书馆藏书的重要来源之一。图书馆必须主动地和这些单位联系，打通各种渠道，掌握情报线索，采用征集、交换、购买等方式搜集这些难得的书刊资料。

掌握兄弟馆藏情况，对照检查本馆缺藏书刊，对确需补配的书刊，分别情况，采取市场购买、馆际调拨、交换，价让，复制等方式加以补充。

此外,还要经常了解散见在社会上和私人藏书家手中的珍贵文献资料情况,通过一定的途径采访征集,尽量扩大书源。

三、藏书补充的方式

藏书补充的方式多种多样。有公开发行采购的,有内部发行征集的,有免费赠送交换的,有馆际调拨的,也有单位或个人赠捐的等等。图书馆要采用多种方式,补充许多需要的书刊资料,建设丰富而系统的藏书体系。

藏书补充方式分购入与非购入两种。

1. 购入方式

包括订购、选购、邮购和复制。

(1)订购,即预订。这是图书馆补充藏书的主要方式。图书馆根据预订目录圈选自己所需要的书刊,发行单位按照预订所需书刊,按时供应图书馆。订购图书方式,能使图书馆有计划地补充适合需要的书刊,保证入藏图书品种与数量,不致漏购和重购。但预订目录有时不能很好表达书的内容。单凭目录订书,也带有一定的局限性,还须与其他采购方式相结合才行。订购图书需要建立一定的记录,以便于检查、核对,应严格按照一定的程序和制度进行。

(2)选购,即到书店直接选购图书。这种方法简便易行,能直接鉴别图书的内容质量,决定取舍。它可以弥补预订方式的不足。不过,到书店选书,不能使用馆藏目录,容易造成重复。同时,还受书店门市的制约,只能有什么购什么。这种方法不是大型图书馆的主要采购方式,适用于藏书不多,经费较少的小型图书馆。

(3)邮购,即通过邮寄购买。图书馆为了获得小范围发行的书刊和外地出版物,委托外地书店或单位,选择某些书刊,用邮寄方式购买。这是一种较好的辅助采购方法。

(4)复制,即用复印方法获得复制品,这是一种补充罕缺书刊的方法。有些书刊无法补充原版书,但又是图书馆必需的,就采用复制的方法解决。复制方法有抄录、照相复制、静电复印以及缩微复制等。

2. 非购入方式

包括呈缴、接收与调拨、征集与交换。

(1)呈缴本,又称缴送本。为了完整地保存文化遗产,由国家规定全国各出版单位每出一种新书刊,必须抽出一定数量的样本,缴送给指定的图书馆。我国同世界各国一样,都建立了书刊缴送制度。

(2)接收与调拨,这一方式对于新建图书馆或藏书基础薄弱的图书馆是一种重要的藏书来源。接收图书,主要来自撤销单位藏书,或分散在有关单位与图书馆的多余复本书,其中有不少是有价值的资料。书刊的调拨,一般是在图书馆协作机构组织下,有计划地将一些图书馆多余的书刊,调拨给另一些需要的图书馆。这是一种节约经费、互通有无、补充藏书的好办法。

(3)征集与交换,这也是一种补充藏书的重要来源。运用这种方式搜集书刊,要做深入的调度研究,多方面寻找线索,并利用书目索引,科技情报工具及有关人员,了解有关单位的内部书刊、技术资料、地方文献、革命史料、作家手稿等情况,有目的地向有关单位征集,并建立经常的征集关系,以此来补充难得的书刊文献资料。

图书交换是图书馆之间、图书馆与有关单位之间搜集图书的行之有效的好办法,它可以获得无法用采购方式补充的书刊资料。交换方式有国内交换和国际交换两种。有的订立长期交换合同,建立交换关系,有的仅仅是临时交换关系。交换方式是补充书刊资料的重要途径之一。

四、藏书的登记

书刊资料收进图书馆以后，成为图书馆的财产，必须进行登记。通过登记，可以全面而具体地反映馆藏情况，提供准确的统计材料，作为制订计划、总结工作、清点藏书的依据。登记是藏书整理工作的开始。馆藏一切书刊资料，包括图书、期刊、特种文献、缩微资料和视听资料等，都应按照一定的要求进行登记，使之有据可查，成为全部馆藏财产的组成部分。同时，对于遗失、损毁、剔除、处理的书刊，也必须及时地进行注销。注销书刊同样要有一定的手续，查之有据。

藏书登记有两种：总括登记和个别登记。总括登记，是根据每批进馆书刊的验收凭据，或每批注销藏书的批准文据，分别将每批书的总册数、总价值、各类图书的种数、册数等登入"图书馆藏书总括登记簿"上。通过总括登记，可以了解和掌握全馆藏书的总册数、总价值，来源和去向，实际藏书量以及各类图书的入藏情况等等。个别登记，是按每册书的情况分别进行登记的。登记时，将每本书的书名、著者、版本、书价、来源以及登记号码等逐项记入"图书馆图书财产登记簿"中。每本书一个号码，作为这本书特定的财产登记号，以示区别于其他图书。个别财产登记，是检查每本书入藏历史的重要依据。总括登记和个别登记之间是相互联系、相互补充的关系。不同类型、不同规模的图书馆，对图书登记虽然有不同的方法和要求，但是两种基本登记制度，作为完善的登记制度都是不可缺少的。大型图书馆和中小型图书馆，在藏书登记的要求和规格方面，在登记项目的详简程度方面，差别是很大的。但是，总括登记和个别登记两种登记的基本职能，应当具备，不能取消。这是只设一种登记制度的小型图书馆需要注意的。

第三节　藏书的组织管理

书刊资料经过整理加工之后，送入书库，必须进行科学的组织管理。图书馆的藏书，由于长期积累，具有数量庞大、类别复杂、内容广泛、文种多样等特点。将这些浩瀚的藏书组织起来，做到布局合理，排检科学，管理妥善，使用方便，关系到长久而完整地保管藏书，提高藏书利用率的大问题。

一、藏书的划分

也称书库的划分或藏书的布局。

图书馆的藏书布局应考虑多方面的因素。藏书划分的原则，应有利保管，方便利用。在一定的条件下，有区别地组织藏书，既有利于馆员熟悉藏书，管理藏书，又照顾到各方面读者的需要，方便读者使用。

藏书布局应当保持相对的稳定性，同时也要随着情况的变化，作局部的适当调整。但一般说来，不宜变动过多过大。变动过于频繁，不利于藏书的保管，又容易造成人力物力的紧张，引起工作的混乱。

一般大中型图书馆，将藏书划分为基本藏书，辅助藏书和专门藏书三部分，组成以基本藏书为中心，以辅助藏书和专门藏书为分支的藏书体系。

1. 基本藏书，也称基本书库或总书库。它是图书馆的主要书库，全馆藏书的基础。基本书库的藏书数量大，知识门类广，包括推荐性的常用藏书，供研究用的参考性藏书，不常用的资料性藏书，以及提存的保密性藏书（或另设提存书库）等。基本书库的藏书内容范围和品种数量反映出图书馆藏书的性质、规模和满足读者需要的能力。

基本藏书的成分复杂,包括古今中外各门类的图书。为了加强保管和区别服务,有些大型馆按照藏书的性质、类型、新旧和文种,划为若干部分,分别安置排放。如按藏书性质和使用范围,划分为一般书库、内部书库、提存书库;按文别,划分为中文书库、外文书库、兄弟民族语文书库;按学科领域,划分为社会科学书库、自然科学书库、文艺书库;按藏书类型,划分为期刊库、特种资料库、古书线装书库、缩微资料库、视听资料库等等。

为了保存藏书和满足急需,有的馆将每一种图书资料,抽出一本作为样本单独保存,并设置样本书库或保存本书库。其藏书一般不外借,供特殊需要者馆内查阅参考。

基本书库对辅助书库和特藏书库起调节作用。当图书馆为某一种特定需要,组织辅助书库和特藏书库时,便从基本书库中抽调有关书刊;当辅助书库撤销或某部分藏书不需要时,仍归还到基本书库。

2.辅助藏书,也称辅助书库。图书馆设置各种辅助藏书为不同读者服务。如外借处、阅览室、参考室、研究室、展览室、分馆、流通站等部门的辅助藏书。辅助藏书一般利用率高,流通率大,是读者常用的书库。辅助藏书有的现实性强,有的参考性强,有的针对性强。总之,辅助藏书一般多是推荐性的图书,其规模不大,范围较集中,适应特定读者对象的需要。

辅助书库与基本书库,是局部和总体的关系。它们之间保持着经常的密切的联系。辅助书库随着客观需要的变化,不断地从基本书库调拨补充新藏书,不断地剔除失效的藏书到基藏中去。

辅助书库不宜设置过多。设置过多势必造成藏书分散,复本相应提高,增加人力物力财力的负担,而且读者要跑遍许多部门、花费许多时间才能借到不同的书刊。所以,辅助书库设置过多,既不经济,也不方便。

3. 专门藏书,也称特藏书库。设置专门藏书,是由于某一部分藏书需要特殊的保管条件,或特定读者的需要所决定的。专门藏书的设立,在一定程度上反映了一个图书馆的藏书特色。如地方文献专藏、善本书专藏、缩微资料专藏、视听资料专藏、盲文图书专藏、教材专藏、专利文献专藏等等。专门藏书比较特殊,为方便起见,有的馆将有关专藏的补充、整理、典藏及阅览等工作统一起来,划归专门机构负责管理。如期刊部、善本特藏部等均是如此。缺乏条件或无特殊必要的图书馆,一般不设或少设专门藏书。

基本藏书,辅助藏书和专门藏书,各有特点和相对的独立性,但彼此密切联系,互相结合,构成一个完整的藏书体系。合理地组织藏书,应从实际出发,统一领导,分别管理,灵活机动,建立必要的规章制度,做到既方便读者利用,又保证藏书的完整性。

藏书组织的方式受多种因素的影响,如典藏借阅制度,空间与设备条件,藏书与读者特点,干部管理水平等。此外,在很大程度上受传统习惯的影响。不少馆藏书不分新旧,不顾利用率高低,习惯于单一典藏的借阅制度,一律将所有藏书集中于完全闭架的大书库里。读者与藏书完全处于隔离状态。致使许多宝贵的藏书长期压架,无人问津,发挥不了应有作用,这种现象应当加以改变。国外一些先进的图书馆,按照藏书利用率的高低,采用三线制的办法组织藏书:一线为开架阅览室,二线为辅助书库,三线为基本书库。并实行分科开架借阅制度,书库里能阅览,阅览室里有藏书,藏书与读者接近,方便读者利用。这种组织藏书的办法,值得参考借鉴。

二、藏书的排列(排架)

任何一个图书馆的藏书,总要按照一定的方法,系统地依次排列在书架上,使每一本书刊,每一件资料都有一个明确的位置,以便排架与检索使用。藏书排列的方式受藏书成分、藏书的划分及流通典藏制度的直接影响。合理的排列方法,能使藏书的提取与归架迅速准确,便利藏书的典藏保管。

不同成分的藏书,不同类型的资料应采用不同的排架方法。在长期的实践中,形成了许多种排架方式。规模较大的图书馆,往往同时采用多种方式排列藏书,并使各种方式结合起来,互相补充,取长补短。排架方法的选用,主要依据馆藏数量、特点、图书流通率、读者需要及图书馆的具体条件。在一般的情况下,图书多采用分类排架法,便于馆员和读者直接按类排检;期刊常按刊名字顺排列,因为读者利用期刊习惯于查找刊名。但在开架陈列的期刊库里,则用分类排架,方便读者直接取阅。内部交流资料和零散资料,篇幅少,装订简单,需装入资料袋或资料盒中,采用登记号顺序排架较为适宜。连续性科技资料,如数量较多,按原有编号顺序排列为宜。一般的图书和装订的期刊采用竖立排架,但零散期刊、图纸则需平放在架上,而缩微胶卷、磁带、磁盘、唱片等资料需存放在盒内,按顺序编号保存在带屉的柜中。保密性资料应单独存放在带锁的柜里。密集书架的藏书,应该采用固定排架法。

藏书排列,归纳起来可分为分类排架和形式排架两种方式。

1. 分类排列方式,是按藏书内容所属学科体系排列的方法。它是将藏书分门别类地依照分类号顺序排列,排架的顺序反映了分类法的体系。同类图书资料集中在一起既是它们的特点,也是它们的优点。

采用分类排列方式时,藏书是按分类号排,同一类书再按辅助号顺序排。排架号(或索书号)是由分类号与辅助号两部分组成的。分类辅助号方式有多种,其中主要有分类著者号排架法,分类书名号排架法,分类登记号排架法,分类书次号排架法等。分类著者号,分类书次号是图书馆使用较普遍的分类排架方式。

分类排架法的优点,是能使书刊资料按学科门类集中地组织起来,成为一个有内在联系的、有逻辑性的科学体系,便于馆员和读者直接在架上找到同类或相近类别的图书资料。馆员通过分类排架,可以系统地了解藏书,熟悉和研究藏书,便于宣传推荐和阅读辅导。同时,也便于读者因类求书。

分类排架法也有它自身的缺点。为了集中同类藏书,必须在每类后面留下空位,对书库容量使用不经济,书架得不到充分利用。新书大量增加后,常常要重新调整书架和书库。经常倒架倒库,造成大量人力物力时间的耗费,增加馆员劳动强度,给工作带来一定负担。同时,由于排架号码冗长繁杂,致使排检藏书既慢又易出错。

2. 形式排架方式,是按照藏书的外部特征顺序排检藏书,主要有两种:

（1）登记号排架法,按藏书的个别登记号码顺序排列,用藏书的登录号作为排架顺序号。

（2）固定排架法,按藏书到馆的先后顺序将书刊固定地排架。每一本书的固定排架号由书架号、层格号和层格内的书序号组成。

此外,在排列藏书时,还要区别语言文种,区别书刊类型。形式排列方式的优点,是排检迅速简便,节省空间,充分利用书库书架,很少出现倒架现象。它适用于流通量较小的专门书库和密集书架。它的缺点是不能将同类书同复本书集中在一起,不便于馆员和读者直接利用藏书,不适用于开架书库。总之,分类排列方式和形式排列方式各有利弊,同时,它们又各有特定的用途,适用不同藏书的排架需要。为了更好地发挥藏书的作用,必须加强藏书目录工作,把藏书组织和藏书揭示工作有机地结合起来。

三、藏书的保管

保护和管理好藏书,可以延长使用寿命,保证藏书完整而长久地提供读者使用。保护藏书的安全,使之免遭损失,是藏书保管工作的主要任务。为此,首先要研究藏书损毁、丢失的原因,采取必要的措施,预防和克服藏书损毁与丢失的现象发生。

书刊资料损毁、丢失的原因很多,归纳起来,可分为两个方面:一是社会原因,二是自然原因。社会原因,包括工作中的缺点和事故,规章制度不健全,读者中的不良倾向,以及个别盗窃破坏现象。自然原因,包括图书本身的老化,周围环境中各种有害物质对图书的破坏,以及图书馆建筑设备条件的限制等。

藏书的保管工作,要从保护和管理两方面入手。思想要重视,制度要健全,措施要落实,执行要严格。防止丢失,杜绝损毁,堵塞漏洞,消除隐患。藏书保管工作要把当前利用和长远利用结合起来。一方面,加强馆员的工作责任心,严格执行各项规章制度,不断提高管理水平。另一方面,教育读者爱护图书,宣传各项制度规定,同广大读者一道向损坏藏书的不良倾向作斗争,共同做好藏书的保管工作。采取各种有效措施保护藏书,防患于未然。按照图书馆工作的规律管理图书馆。

1. 防火。图书资料是易燃品,遇火成灾。书库内要防止一切可能引起火灾的祸源,严禁存放易燃品,严禁吸烟、烤火;定期检查电路和供电设备、灭火器材、沙包等消防系统,建立切实可行的消防制度。有条件的图书馆,要配备自动灭火设备和自动报警仪器装置。

2. 防潮与防高温。纸张既怕火,也畏水。它容易吸收水分,也容易放出水分。书库在没有空气调节的情况下,空气潮湿书籍会吸水发霉,空气干燥会失水脆裂。较大的书库,每年不断地吸收和放出成吨的水分。而空气中的有害物质侵入纸中,使藏书不断发生物理和化学变化,促使藏书逐渐变质失效、腐蚀老化。因此,对书库采用密闭空调,保持恒温恒湿,是比较理想的办法。设备先进的图书馆,对藏书和周围空气进行脱酸处理,排除不适宜的空气;对贵重藏书进行药物处理,以提高藏书的寿命。

根据图书馆的实际情况,利用天气变化的有利因素,隔绝不利因素,安装隔热层和防潮层,采用通风,吸潮、空调、密封等措施,都是保护藏书的有效办法。此外,光线对图书纸张也有很强的破坏作用,使纸张纤维氧化变质。要避免光线长期照射,尤其要避免强光直射书库,可安装毛玻璃、百叶窗、遮阳板等。

3. 防虫、防鼠。各种有害生物,如蠹鱼、霉菌、白蚂蚁、老鼠等对藏书的破坏是非常严重的,必须引起足够的重视。图书馆对于虫害和鼠害,要"以防为主,以治为辅"。除放置防虫防鼠的药物外,还应注意书库的通风、除尘、防潮等,除去虫害滋生繁殖的条件。一经发现虫蛀、鼠咬的现象,及时堵塞洞窟门缝,设置器具。用人工捕捉和药物毒杀的办法及时消灭,防止蔓延扩散。

4. 清洁卫生。灰尘会玷污藏书,也是昆虫和微生物藏身与繁殖之地。灰尘也有害于读者和工作人员的身体健康。所以,除尘灭菌是保护藏书的重要措施。清洁卫生应从两方面入手。一是书库周围的环境卫生,一是库内卫生。保持室内外清洁,减少环境污染,尽量防止有害气体、尘土、昆虫的侵入。有条件的馆最好采用吸尘器,设置紫外线消毒室。

5. 装订修补。做好书刊资料的装订、修补、加固工作,可以延长藏书使用寿命。对于磨损、撕页、脱线的书刊,及时修补、裱糊,零散的期刊资料按时装订成册。既保护藏书,又便于读者长期使用。

6. 安全制度。做好防盗、防损保护工作,同一切破坏现象与不良倾向作斗争。加强书库管理制度,非书库工作人员严格进库手续。建立、健全读者遗失、损毁、盗窃藏书的赔偿制度和处理办法。有条件的馆,可安装防止窃书装置和电视监控台等。要注意外借书刊的催还工作,严格借还制度。要利用各种机会向读者宣传图书馆的规章制度,进行爱护藏书的教育。尤其要做好重点藏书的安全保护工作。

四、藏书的清点

定期或不定期地清点藏书,是图书馆一项经常性的工作。清点藏书不仅能发现问题,改进工作,同时也能维护藏书的安全与完整。

清点藏书是一项工作量大而细致的工作,必须有组织有计划地进行。在清点前,应明确目的、要求、原则、计划与范围,确定方法与时间安排,同时也要做好准备工作,如催还书刊,整理藏书与目录等。在清点时,为不影响流通工作的正常进行,可采用分区、分类、分库、分架检查的办法。

图书馆清点藏书常用的方法,有排架目录清点法、图书登录簿清点法等。

藏书较多的图书馆,一般都备有排架目录。排架目录的顺序同藏书在书架上的顺序完全相同。清点时,以卡对书,迅速、准确、方便。

图书登录簿清点法,是利用图书馆财产登记簿核对藏书,比较准确可靠,但只适用于按登录号顺序排列的藏书。

通过清查,对于一部分陈旧过时和多余复本书,进行剔除,以利提高藏书质量,减少书库压力。剔除图书可加以调拨、交换、集中保存等处理,充分发挥藏书作用。

参考书目

1.《图书馆藏书与目录》第一篇　北大、武大、文化学院合编　1961 年 10 月

2.《社会主义图书馆概论》第四章　文化学院编　1960 年 11 月

3.《图书馆学概论》第五、六章　北大图书馆学系编　1978 年油印本

4.《图书管理学》第二分册第四篇　武大图书馆学系编　1973 年 4 月

5.《科技情报资料工作》第四章　武大图书馆学系编　1978 年 5 月

6.《图书馆藏书建设与组织的一些问题》　林德海　《北图通讯》1978 年第 2

期

7. 《研究所图书馆藏书建设中的几个关系问题》 万良春 《图书馆工作》
1979 年第 4 期

第六章　图书馆目录

图书进馆以后,要进行分类和编目。图书分类就是根据图书的内容,确定每一本书在分类体系中的位置,把同类的图书聚集在一起。编目就是编制图书馆目录,将本馆所藏图书从不同的角度揭示出来,以便读者查阅。分类编目都是为了揭示藏书的内容,从而达到宣传图书、指导阅读的目的。

第一节　图书馆目录的历史和种类

一、图书馆目录的发生、发展

图书馆目录在我国有悠久的历史。根据史书记载,我国最早的图书目录是在公元前六年,汉朝刘歆所编的《七略》。这是一部分类目录。全书为七部分,每部分称为"略",即:辑略、六艺略、诸子略、诗赋略、兵书略、术数略、方技略。每略下分"种",每种下再分"家"。到了晋朝,由于书籍的发展,图书分类体系开始发生一些变化。如西晋武帝时,秘书监荀勖所编的《晋中经簿》(又称《中经新簿》),他把图书分为甲、乙、丙、丁四部。甲部记经籍,相当于《七略》中的六艺略;乙部包括诸子、兵书、术数、方技四略;丙部是历史,是新增加的;丁部的内容相当于诗赋略。这是四部分类法的开始。以后历代所编的较有名的公家或私家的图书目录,如唐代初期编的《隋书·经籍志》,宋代的《崇文总目》,宋代私人藏书家晁公武编的《郡斋读书志》,陈振孙编的《直斋书录解题》以及清代的《四库全书总目》等等,无论采用四分法或七分法,都是分类目录。同一类中再按著者的生卒年排列。目录形式主要采用书本式。

在国外,十九世纪以前,图书馆的目录也大都是书本式的。

十九世纪末,由于出版物日益增多,书本式目录不便于随时增加新书,因此,有的图书馆开始采用剪贴的书条。由于软纸的纸条使用起来很不方便,于1890年左右,国外图书馆开始出现卡片式的目录,但各图书馆的卡片大小很不一致。1901年,美国国会图书馆采用了现在通用的标准卡片格式(125毫米×75毫米),出版印刷卡片。这使得卡片目录得到普及,并逐渐趋于标准化。卡片目录的使用是图书馆目录史上的一次革命。

十九世纪末,二十世纪初,西方资产阶级学术思想传入我国后,新思想、新学术、新著作日渐增多。为了适应这种情况,当时各省相继设立的省图书馆,在编制图书目录时,都是把旧书仍用四部法来分类,新书则往往自编一个分类体系。辛亥革命后,一些高等院校图书馆(如清华大学、南洋大学等)开始采用卡片式目录。五四运动以后,我国图书馆界也发生了革新运动,各地纷纷成立新式图书馆。这些新式图书馆为了能够较广泛地为市民所用,对目录方面也提出了改革的要求:在形式上,改书本式目录为卡片式目录;在目录种类上,又增添了书名目录、著者目录和主题目录。对西文图书则采用字典式目录。在图书分类方面,杜威分类法传入中国,并得到推广使用。此外,还有一些仿杜威分类法体系而将中文新、旧书统一在一起的分类法也大量涌现。五四运动以后,我国各类型图书馆普遍采用了卡片式目录,并一直沿用至今。

1941年第二次世界大战期间,美国国会图书馆为了防止该馆目录遭到破坏，便把它的卡片目录复制成缩微胶卷，于是出现了缩微型目录。

六十年代以后，电子计算机逐渐应用于图书馆工作中。1966年，美国国会图书馆开始试验计算机可读目录，简称"机读目录"（英文缩写 MARC），经过三年的试验，于 1969 年正式对外发行MARCII 式磁带目录。于是又出现了磁带目录。机读目录的使用是图书馆目录史上的又一次革命。机读目录可以一次输入，多次利用。它不仅可以输出卡片目录，也可以输出书本式目录以及各种专题书目。近年来，又出现计算机输出缩微胶卷或缩微胶片（即 COM，译作"孔姆"）。与此同时，由于联机技术的发展，开始采用联机检索图书目录，即通过计算机终端，直接检索文献库中的图书目录信息，而不需要再去查阅卡片目录。

综上所述，随着科学的发展和技术的进步，图书馆目录经历了从低到高的发展阶段。

二、图书馆目录的种类

图书馆目录是多种多样的。各种不同的目录彼此之间互相联系，互相补充，成为一个完整的体系，从而全面地反映图书馆的藏书内容。

图书馆目录的种类可划分如下：

1. 按照目录的使用对象分

按照目录的使用对象可划分为读者目录和公务目录。

读者目录也称为公用目录，是专门供给读者使用的目录。这种目录一般设置在借书处或阅览室供读者查阅。大型图书馆也有专门设立目录室的。读者目录中所反映的藏书应是内容较新，具有一定的科学价值的书刊。

公务目录也称事务目录。它是供给图书馆工作人员进行工作时查询用的目录。公务目录中所反映的藏书应是本馆的全部藏书,其中有一些是不适于读者阅读的图书,因而公务目录一般不对读者开放使用。它的主要作用是帮助馆员掌握全馆的藏书情况,供馆员在补充藏书,进行分类、编目、解答咨询以及宣传图书时参考查询。由此可见,读者目录和公务目录是两种目的不同、任务不同的目录。

2. 按照目录的编制方法分

按照目录的编制方法可分为书名目录、著者目录、分类目录和主题目录。

书名目录是根据图书的名称来揭示藏书的内容,它可以回答读者从书名方面查询图书的问题。

著者目录是按照著作人的姓名组织起来的目录。它揭示馆藏中有哪些人所著的书籍,回答读者从著作人方面查询图书的问题。

分类目录是按照知识门类和科学体系组织起来的目录。它将藏书按照科学体系加以系统化,反映出某一知识门类图书馆收藏了一些什么样的图书。分类目录可以告诉读者关于一门科学或其中的一个问题有些什么著作。

主题目录是按照图书所研究的对象和题材组织起来的目录。它表明关于每个题目有些什么书籍,可以回答读者按照一定的题目查找图书的问题。

3. 按照目录中所著录的出版物的类型,又可以划分为图书目录、期刊目录、报纸目录、特种文献目录、缩微品目录以及视听资料目录等。

4. 按照目录本身的形式,可以划分为卡片式目录、书本式目录、活页式目录、缩微型目录、磁带目录等。

第二节　图书著录

图书编目工作大体上可以分为两个步骤:第一是图书著录,就是把每本书记录下来,编成卡片。第二是目录组织,就是把许多书的著录按照一定的次序组织成一个体系。

图书著录是按照一定的方法把一种书的特征记录下来,以便分别组成各种目录。对每一种图书的记录称为"款目"。"款目"是组成目录的基本材料,是一种具体图书的代表。

下面根据《中文普通图书统一著录条例》(试用本)介绍图书著录的基本格式和著录内容。

一、著录格式

下面列举目录卡片的基本格式和一张例片,来说明卡片的著录格式。

基本格式

	书	名项	
	出	著者项(著者姓名及著作方式　副著者姓名及著作方式) 版项(出版地　出版者　出版期　版次　版刻) 稽核项(页数　图表　开本　装订　定价) 附注项 提要项	
中图法 分类号 编印日期	科图法 分类号	中小型法 分类　号	发 行 号　专题号 统一书号　编印号

例片

	机械制造工厂机械动力设备修理技术手册　第一篇　第十一册
机 修 装 计	滚动轴承 中国机械工程学会　第一机械工业部同主编　北京 机械工业出版社　　1976年6月　修订第1版 306页　大32开　0.81元 封面、书脊题为:机修手册 本册此次修订,除了略加修改试用本中的滚动轴承的分类及 能、代号、精度、游隙、配合等部分外,其余部分都作了较大的 改和补充。其中主要是增加了滚动轴承的轴向紧固、密封、安 和拆卸等,对于轴承寿命的计算,采用了我国新的轴承寿命 算方法。此外,还大量补充了国内外滚动轴承型号对照表。

二、著录事项

著录事项包括图书的各项基本著录(书名项、著者项、出版项、稽核项、附注项、提要项)以及业务注记。每个项目之内,又包含着许多的内容,在统一编目卡片上还有统一编目注记。

1.书名项。书名是一种书的题目,是区别于其他书籍的标志,因此必须正确地、完全地列举出来。其次是书名的解释和补充,称为"题下项"。题下项除了解释书名的意义外,有时还可以指出著作的体裁(如小说、译文集等)、出版物类型(如参考资料、教科书等)、读者对象(如工人读物、通俗讲话等)或其他对本书性质的说明等。

2.著者项。著者是一种书区别于其他书的另一个重要标志。它和书名结合在一起,可以更确切地反映一种书。著作的方式很多,如:著作、编辑、改编、缩写、执笔、翻译、注释等,所以要在著者姓名后加上著作方式。为了使读者对著作人有初步的了解,在我国清朝以前的著者姓名前,要注明朝代,在外国著者姓名前要标明国别(均用括号括起来)。

3. 版本项。包括出版地、出版者、出版期、版刻(如铅印、影印、木刻等)、版次(如初版、再版、修订、增补等)。这些记载可以帮助读者了解一书的出版情况和版本的好坏、新旧等情况。

4. 稽核项。包括本书的页数、册数、所附图表、开本大小、装订形式、价格等。可以帮助读者了解该书内容的详略和装帧上的一些特点。

5. 附注项。包括发行方式、丛书名、附录、合刊以及书名、著者、版本等项的补充和说明。凡按单本书著录的丛书书名,应著录在附注项内,以便帮助读者认识该书的性质和价值。

6. 提要项。提要项是一部书的简介和评价。在提要项内,要揭示出一书的内容概要,政治思想性,学术价值,写作意图以及特定的阅读对象等。对于一些内容反动或政治观点有明显错误的书,也需要在提要项中指明。提要可使读者简要地了解一书的内容,对读者很有帮助。通常,各图书馆自编的目录不带提要。而中文图书提要卡片联合编辑组所编印的卡片是带有提要的。

7. 图书馆业务注记。包括索书号、登记号、根查和图书注销记录等。索书号记在卡片的左上角,作为组织分类目录和取书的标志。登录号记在卡片的左端中部,供清点、核对图书时用。根查项记录目录卡片的编制和分布情况,以便汇齐一书的目录卡片,进行撤销或修改用。根查和图书注销记录均记在公务目录的主要卡片的背面,只供图书馆工作人员查用。

通过这些事项的记载,使我们对一本书能够有一个概括的了解。尤其是提要项非常重要,有些在其他项目中不能说明的问题,都要依靠提要项来解决。所以为了提高目录的质量,编制提要是很重要的。

通过这些著录事项,可以提供关于一本书的简要情况,也可以说是关于一本书的目录知识。这些事项是一切图书目录所共同具有的。

三、四种款目

卡片上起首的一行,即著录起始的事项,称为"著录标目"。著录标目是排列卡片的根据,也是读者据以查书的着眼点。它的关系很大,必须使之正确而明白。

凡是以什么事项作为标目的著录,就称为什么款目。例如,以书名作为标目的卡片,就称为书名款目(或称书名片);以著者作为标目的卡片就称为著者款目(或著者片)。著者款目只要在书名款目的第一行的上面,加上著作人的姓名就构成了,就可以用它来组织著者目录。

为了组织分类目录,可以在书名款目的左上角加上索书号。因为索书号的第一部分通常就是分类号。这种卡片就叫分类款目(或分类片)。

以主题作为标目的卡片叫主题款目(或主题片)。主题款目也是利用书名款目,在它的第一行的上面,标上主题就形成了。

这样,四种查书途径就产生了四种款目:书名款目、著者款目、分类款目和主题款目。分别作为组成四种目录的基本材料。

四、基本款目和辅助款目

为了从多方面反映同一部书,为了使读者能够从多种途径找到所需要的书,还可以把一本书的别名、简名,或合著者、翻译者、注释者等的姓名,分别加在书名片的最上边一行,而构成别名、简名、合著者、翻译者、注释者等卡片。如果一本书涉及几个学科或主题,也可以分别编制必要数量的分类片或主题片,写上相应的分类号或主题。这些卡片统称为"附加款目"。把这些附加款目分别列入各种相应的目录内,就可以扩大查找图书的途径。

由此可见,用书名款目作基础,加上不同的标目,就可以产生不同的款目,编制成不同种类的目录。因此,这张书名款目也叫做"基本款目",而其他派生出来的款目就叫做"辅助款目"。如果把基本款目油印或铅印出来,那么只要在基本款目上面加上所需要的标目,就可以购成各种不同的款目。这种方法称为"单元卡片"编目法。一般集中编目机构所编印的都是一张基本款目。我国中文图书铅印卡片组所编印的就是这种基本款目。必须指出,中文图书习惯于用书名款目作为基本款目,而西文图书依照外国的习惯,则是用著者款目作为基本款目。这是中外文图书编目的一个显著的不同点。

但是,上述措施只能反映一部整本的书,而读者有时需要的资料是书中的一部分。例如,丛书中的一种书,或杂志中的一篇论文等等。图书馆的目录有时必须深入地反映这类资料,这就要用分析(别出)方法。记载分析出来的资料的卡片,称为"分析款目"。分析出来的资料卡片,也可以有书名(或篇名)、著者、分类、主题四种,可分别编入相应种类的目录中去。分析出来的资料也可以有附加著录。编制期刊论文索引就是用这个方法。

还可以为整套的丛书、多卷书、杂志以及各种不定期连续出版物编制总的卡片,以便读者了解整套书刊的情况,这种反映一套书总的情况的著录称为"综合款目"。综合款目与分析款目是相互联系、相互补充的。

此外,为了帮助读者容易使用目录,还要使用"参照"卡片。参照卡片不直接描述图书,它的作用在于指引读者从目录中的一个部分去查看另一部分。例如,使读者从《石头记》去查看《红楼梦》,从"周树人"去查看"鲁迅"。参照有"单纯参照"、"兼互参照"和"一般参照"的区别。在各种目录里都可以广泛地利用参照。参照卡片不能利用基本款目,必须另行编制。

附加、分析、综合、参照是编目中广泛采用的方法。这些方法利用得当,可以从多方面宣传一部书,帮助读者从多方面查到一部书。

由此可见,一本书是要编写很多张卡片、很多条著录的。但一本书究竟要编写多少张卡片(多少条款目),则要根据该书的具体情况以及图书馆所编目录的种类而定。一般来讲,附加、分析、参照卡片虽然好处很多,但过多的附加、分析、参照卡片,会使目录变得庞大、臃肿,也会给读者查找目录造成不便。

以上讲的是传统的手工编目的各种问题。

五、机读目录款式与传统的著录款式的比较

六十年代末,美国国会图书馆开始采用电子计算机编制图书目录,试验成功 MARCII 式(即机读目录)。计算机编目是在传统的手工编目的基础上发展起来的。它们的加工处理对象都是图书资料,因此它们之间有许多相同的地方;但由于载体与加工处理的方式不同,因此也有许多相异之处。

计算机编目与手工编目相同的地方在于:

在手工编目中反映一本书的特征是通过各种著录事项来体现的。著录事项的集合叫做款目。将各种款目按照其标目的特定顺序排列起来,就组成了书名、著者、分类、主题等各种目录。各种目录的有机结合就构成了目录体系。

在计算机编目里,反映一本书或一篇文献的特征是通过各个"字段"(field)来体现的。根据需要,有些字段还可分成"子字段"(subfield)。字段相当于手工编目的著录事项,但又不尽相同。字段的集合称为"记录"(record),相当于手工编目的"款目"。各条记录按照一定的顺序排列集合称为"文档"(file)。具有完整内容的一个档或多个档的集合就是"文献数据库"。文献数据库经过计算机的加工处理,可以输出多种目录或索引,它本身就是一个内含功能很强的目录体系。

上述情况可以看出,虽然名称不同,但计算机编目与手工编目

在原则上是相同的,内容上是一致的。在编目的基本原理和基本特征等方面,并无太大的变化。

但是计算机编目与手工编目也有很多根本不同之处,它们的区别在于:

1. 记录的载体不同:手工编目的记录载体是书本或卡片。情报信息用的是手写的文字。而计算机编目的载体是磁带,情报信息则是二进制代码。因为目前计算机还无法辨认字母或文字,只能识别和读出二进制数字。

2. 加工处理方式和著录格式的不同:手工编目的加工处理是靠人的手工,计算机编目的加工处理方式是计算机的程序自动控制。在手工编目中,一条款目中的各种著录事项之间,用空一格、空两格或回行等办法加以区别,因此眉目清楚,秩序井然,肉眼一看便知。而在计算机编目中,为了使程序能在文献库中识别和控制各条记录、字段或子字段的情报信息,就需要加入许多标记符号、终止符号,或规定出记录中各字段的固定长度和位置,以供程序识别和辨认。所以机读目录的每一条记录,要比手工编目的著录事项详细得多,也复杂得多。

机读目录的记录格式一经确定,要比手工编目执行得更为严格。尤其是那些识别符号和控制的规定,一个符号错了或长度少了一个字符,就会使计算机不能正确地进行处理。

3. 目录组织方法不同:手工编目要分为著录和目录组织两部分工作。目录组织要按分类或字顺,分别组成分类目录、书名目录、著者目录和主题目录。用手工组织目录要花费大量的人力去排列卡片。而计算机的特点在于对输入的信息能进行自动加工处理。只要输入的记录中项目比较齐全,它就能根据预先设计的程序,用可以检索的字段为依据,输出各种目录,满足各种检索要求。这种特点叫做"一种输入,多种输出"。例如,通过自动控制,给计算机以指令,它就可以按顺序,迅速而准确地输出具有多样性和灵活性的各种目录:不仅能输出图书馆所需要的书名、著者、分类、主题等目录,而且能输出各种载体的目录,如:磁带目录、书本目录、卡片目录或缩微胶片目录等。不仅能输出各种目录形式,如目录、带文摘或不带文摘的索引等,而且还能编制联合目录,进行定题检索服务或回溯检索服务。总之,通过程序控制,可以满足人们对目录的多种类型、多种形式、多种用途的需要。它的速度与效果大大超过手工编目。

第三节　图书分类和主题

　　图书分类可以从理论和实践两方面来研究。理论的研究包括:图书分类原理,怎样根据分类原理来建立图书分类体系,图书分类的历史和各种分类体系的分析和评价,各个门类的定义、范围及其在图书分类史上的变化和发展,号码制度,配号方法等等。实践的研究指的是如何运用图书分类法来处理图书,即图书怎样分类的问题,也就是决定一本书应该归入什么门类,怎样编制分类目录,怎样按类排架等问题。当然,分类理论与分类实践是密切联系着的。在这一节,着重谈谈实践方面的问题。

一、图书分类的作用

　　1.图书分类是为了便于读者"按类求书"。图书馆的藏书浩如烟海,知识门类繁多,如果不加以科学的组织,读者和馆员都难以找到他们所需要的图书。图书分类就是解决这个问题的重要方法之一。图书经过分类,把每一门类的图书聚集在一起,组织成了系统,读者要看哪一方面的图书,就可以到哪一门类去找。此外,还可以从分类系统中知道内容相近似、相关联的各种书籍,按类寻找,可以扩大读者的眼界。

图书分类也可以帮助馆员有目的地向读者推荐图书,或者以内容相近似的图书代替读者所要找的图书。

2. 图书分类是组织分类目录和分类排架的基础。图书经过分类,即决定了它应归入什么类以后,就可以依类排架,也可以依类组织目录。两者的次序是一致的。但是一本书在书架上只能占一个位置,这对于一些牵涉到几个门类的书籍是很不便利的。而在分类目录里,则可以重复反映在各个有关的类目中,使读者从各个门类中都可以查到这本书的目录。所以分类排架和分类目录的次序有时是有区别的。

在图书馆实际工作中,不管是采用分类排架或编制分类目录,都先要将图书加以分类。所以图书分类也是图书馆工作中不可缺少的一环。

二、图书分类表的组成

图书馆的图书分类工作是按图书分类表来进行的。图书分类表有四个组成部分:

1. 类目体系

类目体系是分类表的主要部分,是由许多概念组织起来的一个系统。每个概念就是一个类,代表着一群具有一定共同点的图书。用以表示概念的那个名词就是类名。例如,"中国历史"一词就是类名,指的是一切以中国历史为其研究对象和内容的图书。进行图书分类时,就是决定所要分类的图书的内容是不是符合这个共同点。如果符合,就可以归入这个类;否则就不能。所以共同点就是类名的涵义(概念的内涵),也就是归类的标准。因此,在使用分类表时,必须首先掌握每个类的标准,也就是要懂得每个概念(类名)的涵义。

图书类目体系不是随便列出的,而是根据科学知识内容上的关系,按照从总体到部分,从一般到特殊,从抽象到具体的原则组成的。

试从《中国图书馆图书分类法》中摘录一段作为例子：

K　历史、地理

　K1　世界史

　K2　中国史

　　K21　原始社会

　　K22　奴隶社会

　　　K222 夏（公元前 21 世纪——公元前 16 世纪）

　　　K223 商（公元前 16 世纪——公元前 11 世纪）

　　　K224 西周（公元前 11 世纪——公元前 770 年）

　　K23 封建社会

　　　……

　K3　亚洲史

在这里，"历史、地理"是一个总体，"世界史"、"中国史"、"亚洲史"等是它的组成部分。"中国史"对于中国的"原始社会"、"奴隶社会"、"封建社会"的历史来说，也是一个总体，原始社会、奴隶社会、封建社会的历史是它的组成部分。以此类推，奴隶社会历史又作为夏、商、西周时代历史的总体。这里所表示的关系叫做从属关系：部分从属于总体。在分类法的术语里，总体称为"上位类"，部分称为"下位类"。上位类总是包括着下位类。它们之间是从属的关系。但是在"原始社会"、"奴隶社会"、"封建社会"之间，或"世界史"、"中国史"、"亚洲史"之间，其关系不是从属的，而是平等的、并列的。它们彼此不相统属，所以称为"同位类"。同位类之间是彼此并列，互相排斥的。

由此可见，在分类体系里存在着纵、横两种关系。从纵的方面看，产生了从上到下的类。例如：

　　历史、地理——世界史——上古史

　　历史、地理——中国史——原始社会

历史、地理——亚洲史——上古史

这样的每一组类目称为一个"类系"。类系是从属关系的体现。

从横的方面看,有许多并列的类。如世界史、中国史、亚洲史……;原始社会、奴隶社会、封建社会……。这样的每一组类目称为一个"类列"。类列是并列关系的体现。在同一类系内,凡是属于某一个类的书,同时也就属于它的上位类。但绝不能属于上位类的或自己的同位类。类系可以伸缩,类列绝不容混乱。这就是分类的逻辑性。破坏了分类的逻辑性,就不能建立合理的分类体系。

图书分类就是在从属关系和并列关系的基础上,从一个总体,一步一步地进行划分,而建成一个有层次、有等级的体系。

图书分类体系是以科学分类体系为基础的。图书分类的标准主要是图书的内容,即图书所表达的知识在科学分类体系中所占的位置。但是,图书分类体系并不完全等同于科学分类体系。有些图书所表达的知识并不属于任何一门科学,例如《辞海》、百科全书等,它们包括着一切部门的知识,无法纳入任何科学门类,因而就设置了一个"综合性图书"类来放置它们。还有一些图书需要按照它们所反映的时代、地理、民族、语文或体裁等标准来分类。这就说明在图书分类体系里,除了按科学体系组织类目外,还必须有按照著作的体裁以及其他标准组成的类目。因此,图书分类的体系基本上是按照科学分类的体系组织的,但又不能完全和科学分类体系相同。图书分类体系要比科学分类体系复杂得多,也详细得多。

在图书分类中,有些门类要用地区、国别、时代、体裁等标准细分。为了节省篇幅,就把地区、国别、时代、体裁等另外编成一个表,而在一切可以按照这些标准区分的类目下,注明"按××表分"或类似的说明。这种表叫"辅助表"或"复分表"。在使用一种分类法时,必须注意它有几个辅助表,如何应用以及各个类目下面有没有要求使用辅助表的注语。

2. 注释

为了帮助分类工作人员理解分类体系,在分类表内一般都有注释。注释有两种:一种是体系说明,包括:(1)总序:说明整个分类体系的理论根据、编排原则、使用方法等;(2)大类说明(类序):说明这个大类的意义、范围、它的划分标准、编排原则及其特点等等。在多数分类表内只有总序,而没有大类说明。总序是理解一个分类体系的重要材料,必须很好地掌握它。

另一种注释是写在类目下面的附注。有的是类名的解释或定义;有的是列举这个类所应包括的一些问题;有的表示"互见"(一般用"见××"来表示),这是指出在分类时不用这个类目,而要用所见的那个类目;有的表示"参照"(一般用"参见××"来表示),这是表示在分类时要参考所指出的类,以便决定一种书究竟是否应该归入这个类,还是另外那个类;有的指出"交替类目"(往往用"或××"、"宜入××"来表示),这表示这个类在体系上可以归入两个上位类中的一个,图书馆应根据具体需要选择一个来用。此外,还有注明应使用辅助表的附注。由此可见,注释不仅可以帮助理解分类体系,还可以使分类人员掌握使用分类表的方法。在进行分类工作时,必须弄明白分类表的各种注释。

3. 类号

图书分类表必须具有分类号码。类号是类名的代表,每个号码代表一个不同的类,指出在分类体系中的位置,这样就可以按照号码在书架上排列图书。还可以按照号码组织分类目录。

图书分类表的实用价值在很大程度上取决于它的号码制度。号码必须简短、清楚、易写、易记、易读、易找,并且要有较大的伸缩性和灵活性。因此分类表采用什么样的号码制度,是一个重大的问题。这个问题叫做标记制度问题。

号码的编制有两种基本方式:层累制和序数制。层累制也称等级制,用号码的位数来表示类的级数。同一上位类用同一符号表示,它的直接下位类就在这个符号后面加上一位符号。例如,前面所引的《中国图书馆图书分类法》中,"K",表示第一级大类——"历史、地理";"K1"、"K2"表示它的下位类:"世界史"、"中国史";而"K21"、"K22"又表示"中国史"的下位类"原始社会"、"奴隶社会"。这样在每个类里每一位符号都有一个固定的意义,可以表达一个类的体系。层累制的特点是层次清楚、系统分明。缺点是类目分得越细、越深入,号码就越长,在实际工作中很不方便。所以不少分类法只在前几级采用层累制,以后的小类便放弃了层累制。

序数制是把分类表中的各级大小类目按照数目顺序给每类一个数字。从 1 开始,顺序排下去。这个办法不便插入新类,又看不出类目之间的关系,现在很少使用。

4、索引

索引是把分类表的一切类目以及它们的同义词,按照检字方法排列起来,并在每项后面注明相应的分类号码。类目索引是帮助使用分类表的有效工具。它还可以帮助编制分类目录的主题索引。

三、图书分类工作

图书分类工作就是运用已选定的分类表来类分图书,决定每一种书应该归入什么门类。

为了做好分类工作,需要注意下列几件事:

1. 选定分类表

图书分类表是图书分类的依据,也是图书馆运用一定的分类体系来组织藏书的工具。所以选定适用的分类表是一件十分重要的事。在选用分类表时,分类表的思想性、科学性和实用性都不可偏废。要注意它的标记符号是否方便使用，有无伸缩的余地。

分类表选定后，要根据各图书馆的不同情况决定什么类应详分，什么类可以简分，并在分类表中做上记号。分类表中的交替类目，应选定其中的一个，并一贯遵守。如需增补或调整类目，应记在所用的分类表中，以免日后遗忘，造成错乱。类目的增补或调整最好统一由一个人或一个小组来做，并记录在本馆所用的每本分类表上，以保持前后一致。

2. 分析图书

图书分类要以图书内容所反映的学科性质作为归类的标准，这就要分析这本书是研究什么的，它的对象是什么？还要分析它是从什么角度来研究这个对象的。所以，在分类以前首先要判明图书的主题。只有明确了图书的主题，才能决定它的类别。这项工作称为图书的主题分析。此外，还要分析这本书的著作形式，主要用途等。因为这些因素在决定一本书的详细类目时有一定的作用。

3. 决定图书的类目

这是要以分类表为依据的。根据分析出来的主题，决定一本书属于什么大类，并从分类表中找出这个大类，然后顺着从总体到部分的次序，逐步往下推，一直找到最适合本书主题的类目，这就是本书所应归入的类目。我们以"拖拉机制造"一书为例。在《中国图书馆图书分类法》大纲中找到"S 农业、林业"，然后在"简表"S 类中找到"S2 农业工程、农田水利"，再在"详表"中找到"S219拖拉机"，在它的下面又找到"S219.06 制造工艺"，这就是本书最适合的类目了。因此，这本书的类号就是"S219.06"。

这样决定的类规定了这本书在分类目录里和它在分类排架时的位置，所以称为"主要类号"。有一些书的内容涉及两三个类，或者在几门学科中都有重要作用，那就要在分类目录的有关各类中把它重复反映出来，这称为"附加分类"，这样所取得的类号称为"附加类号"。对于包括在全集、选集、丛书中的单本或期刊中的重要文章,可以单独著录出来,另外进行分类,这称为"分析分类",这样所得的类号称为"分析类号"。

需要指出,附加和分析分类只能用在分类目录之内,是编制分类目录所用的方法。至于在书架上,一本书只能有一个位置,这就是它的主要类号所规定的。这也说明分类目录与分类排架的区别。当然绝大多数的书只要一个主要类号就够用了。

在决定类目时,如果无法确定一个主题应分在什么大类,则可参考类目索引。但是从类目索引中查到了分类号以后,必须翻出分类表中相应的类号,检查它的上、下位类,以确定该书分入这个类目是否合适。

4. 编定索书号

类目确定以后,应将它相应的类号记录下来,并着手编制索书号。索书号是图书排架的依据,也是借阅时取书和归架的依据。如果采用分类排架,索书号就要以主要类号为主。同类号的图书再按著者号码或图书到馆的先后顺序排列。

图书经过分类编目以后,还要进一步加工,给图书做上一些图书馆所需要的标示。如:加盖馆藏图章、贴图书标签或印索书号、贴书口袋和借书日期单等。图书加工是为了使图书馆的藏书同一般的图书相区别,同时也是为了便于藏书的组织和使用。

必须指出,图书分类虽然是揭示图书内容,宣传图书、辅导阅读的工具,但是分类体系却有很大的局限性。这是因为图书分类体系只能表示类目的单线关系,只能反映事物之间各种联系的一个方面。而客观事物之间是存在着普遍联系的,任何一个问题都与其他问题有着多方面的联系。特别是近年来出现许多边缘科学、交叉科学,对于这些学科,任何分类法都只能表示其中的一个方面。尽管采用了互见、参照、交替类目等办法来弥补这个缺陷,但终究不能全面地反映客观事物间的内在联系。因此,需要用分类目录以外的其他目录来补充分类目录的不足,而主题目录则是克服这种局限性的有效方法之一。

四、主题法

除分类法外,图书馆组织图书资料的另一种方法就是主题法。主题法是根据图书的主题,即图书所论述或研究的对象来揭示藏书的内容。主题法是用规范化语言(即主题词表)来反映图书的内容。用这种方法查找资料比较直观,不受学科从属关系的约束,易于满足按特定需要来查阅书刊资料的读者。

主题法是从特定事物着眼来组织图书的。通常是预先编好一个主题词表。拿到图书后,先进行主题分析,然后根据图书的主题,选定主题词表中最恰当、最能反映该书内容的主题词作为标目。以主题作为标目的卡片称为"主题款目"。将主题款目按照字的顺序排列起来,就组成了主题目录。

"主题词表"中的主题词依照选词的方式,可分为标题词、单元词、关键词和叙词。

1. 标题词。就是指事物"定型"的名称。如"社会主义社会"、"电子工业"等,都可以作为标题词。

2. 单元词。是指从图书资料内容中抽出的最基本的、从字面上不能再分的词,用来作为主题的词。例如"飞机"就是单元词,因为它不能再分为"飞"和"机",如果再分就不再具有独立的和明确的意义了。而"原子飞机"则可以拆成"原子"和"飞机"两个词,因此它不是单元词,而是双元词。

3. 关键词。是指从书刊资料的内容,主要是从它们的书名或篇名中抽出的关键性的词。例如,"高速度地发展工业"这篇文章的篇名中,"高速度"、"工业"都是关键词。

4. 叙词。是指从文献内容中抽出的、能概括地表达书刊资料的内容和基本概念的名词或术语。例如,"反坦克地雷"中的"反坦克武器"和"地雷","高空超音速飞机"中的"高空飞机"和"超音速飞机"就都是叙词。

分类法和主题法都是从书刊的内容出发,以图书自身所论述的问题为依据的。但是它们之间也有很多不同点:

1. 揭示事物的角度不同

在分类时我们是从知识体系,即科学分类体系来考查的。要解决的问题是这本书属于什么科学门类。而主题则着眼于书刊所研究和论述的对象是什么东西或什么问题,即以特定的事物为中心,揭示与它有关的书刊资料。例如,在"国民经济计划"这个主题下,可将论述工业、农业、商业、交通运输等各方面的发展规划和工作计划的书刊统统集中在这个主题之下。而在分类中,这些书刊则要分别归入工业经济、农业经济、商业经济等类目中去。

2. 对于书刊资料集中与分散的角度不同

主题法把同一主题的书刊资料集中起来,却把同一学科的书分散到不同的主题词下;而分类法是把同一学科的书集中起来,却把同一主题的书分散到不同的类目中去。

3. 标记符号不同

主题法中标记符号是"词";而分类法中标记符号是各个类目以及代表各个类目的分类号码。

4. 排列方法不同

主题目录是以字的顺序排列;而分类目录则基本上是按分类号码排列。

由此可见,主题法与分类法各有所长,各有所短。主题法的特点主要是特指性、灵活性;分类法的特点主要是系统性、严密性。主题法的长处正是分类法的短处,反之,分类法的优点,恰好是主题法的不足。所以主题法与分类法可以互相取长补短,相辅相成。

第四节　目录组织和目录体系

　　图书经过著录、分类，编制成各种款目以后，就需要把它们组织成各种目录。目录组织要做到结构明白，条理清楚，便于读者使用。

一、目录组织方法

　　目录组织基本上有两种：字顺的和系统的。字顺目录是把各种目录卡片的著录标目，按照一定的查字方法组织起来的目录。书名目录、著者目录、主题目录都是采用字顺排列的方法。系统目录是按照一定的系统组织起来的目录。分类目录就是按照图书分类系统组织起来的目录。此外，还有按照年代、地理或出版物的顺序号（如专利、国家标准的顺序号）组织起来的目录。

　　无论是字顺目录或分类目录，都包括两个主要问题，即：著录排列问题和导片编制问题。

　　1. 字顺目录的组织

　　字顺目录是按照标目上的字的顺序排列的。目前采用的查字方法有按字形和字音两种。按字形排列的方法有：笔划、笔形排检法；四角号码排检法等；按字音排列的方法主要是汉语拼音排检法。一般认为，汉语拼音排检法是比较科学的方法。但笔划、笔形排检法有一定的群众基础，采用的也较多。

　　为了让读者能够较快地掌握目录的基本结构，就要在目录中设置一些导片。字顺目录中的导片应该表达字顺的体系。如果是采用笔划笔形排检法，就应当设立笔划数目、笔划形状和著录标目中头一两个字的各种导片。如果是采用汉语拼音排检法，就应当按汉语拼音的音节设立导片。导片的作用是指示出它后面所排列的卡片。导片不要设置太少,少了会使读者查目录时翻阅很多张卡片,给读者造成不便。但也不宜设置太多,多了反而会使目录眉目不清。一般来讲,大约每三十张左右的卡片,设置一张导片最为适当。

书名、著者、主题三种字顺目录在组织上有各自的特点,现分述如下:

(1)书名目录

书名目录是由书名款目、书目附加款目、书名分析款目、书名综合款目以及书名参照卡片等组成的。这些卡片都应按书名的字顺逐字排列。书名完全相同,而书的内容不同的,再按著者的姓名字顺排列。同一本书而不同版本的,应将最近出版的排在前面。书名内有外文字母、化学公式、数学公式等,如果在书名起首,而又采取笔划笔形排检法时,则要提出来单独作一序列,依原文字母排,列在目录的最前或最后。(在采用汉语拼音排检法时,可依拉丁字母的顺序排。)如果外文字母是夹在书名的中间,则可以除去不算,而按其前后的汉字排。书名内的阿拉伯数字或罗马数字,无论在书名的起首或中间,都按照其相当的汉字进行排列。例如"1980"作为"一九八〇"排。

(2)著者目录

著者目录是由著者款目、著者附加款目、著者分析款目以及著者参照卡片等组成的。著者目录是按著者标目(个人的姓名或机关团体的名称)的字顺逐字排列的。同姓同名的著者要按其生年或朝代的先后次序排列。同一著者的著作,要先按全集、选集、个别著作、专题汇编排列。在同一著者的个别著作中,又要依著作方式,即"著"、"编"、"辑"、"译"、"校"的顺序排列。有些图书馆为了简便起见,将同一著者的著作,一律按书名的字顺排。

(3)主题目录

主题目录是由主题款目、主题附加款目、主题分析款目、主题

137

综合款目以及主题参照卡片组成的。主题目录基本上是按主题的字顺来排列的。同一主题之下，再按书名（或著者姓名）排。

以上这几种字顺目录，在我国图书馆内大都是分别组织的。但西文的字顺目录，往往是把书名、著者、主题等几种目录混在一起，统一按字顺排列，称为字典式目录。这种目录的组织方法比较复杂，在我国中文图书目录中很少应用。

2. 分类目录的组织

分类目录是按照图书分类体系组织起来的。它是由主要分类款目、附加分类款目、分析分类款目、综合分类款目以及类目参照卡片组成的。各种分类款目一律按分类号的顺序排列。分类目录的结构必须反映分类表的结构。在同一类内（即同一分类号），过去习惯按著者号码排列，近些年多采用按图书到馆的先后顺序号码排列。

要特别注意分类目录导片的设置。重要的、常用的类目都要设置导片。前三、四级的类目都要用导片标示出来。书多的类，它的小类也要标示出来。在导片的突起部分写出类号和类名，在它的下面还要写出这个类的各个下位类的类号和类名。这样就能使读者了解这一类包括着一些什么小类，以便寻找图书。

为了更好地发挥分类目录的作用，分类目录还可以编制字顺主题索引。读者在查阅分类目录时，往往不知他所要找的书属于什么类，是什么号码。有了字顺主题索引就可以解决这个困难。这种索引是根据馆藏图书的类别，列出与它相应的主题和类号，并按主题字顺排列起来。举例如下（用《中国图书馆图书分类法》作例）：

茶——制茶工业　　　　TS272

茶——商品　　　　　　F768.2

茶——农作物　　　　　S571.1

茶——经济　　　　　　F326.12

如果某一读者需要种植茶树的书籍,他就可以利用字顺主题索引找到"茶——农作物",从中得到相应的分类号为 S571.1,然后再到分类目录的这一个类目里去查阅他所需要的书。由此可见,分类目录主题索引的作用在于:

(1)它能把分类目录中被分散在各个类目中的同一主题的著作集中反映出来,从而补救分类法单线组织的缺点,起着类似主题目录的作用,便于读者查找有关同一主题的各种著作。

(2)能够增强分类目录的特性检索能力。对于查找一些新兴学科、边缘学科或者分属于两个以上类目的新主题、新事物是很方便的。

(3)可以作为图书分类工作的辅助工具。它可以帮助分类工作者在进行图书归类时不致先后分歧,以保持分类工作的一致性。

总之,编制分类目录字顺主题索引,可以提高分类目录的质量和它的使用效率。

二、目录体系问题

目录体系是图书馆目录工作中一个重要的问题。它包括两方面的问题:一是图书馆究竟应该备有哪些种类的目录;一是各种目录怎样互相联系,互相补充,分工协作而构成一个整体。

一个图书馆究竟应该设置哪几种目录? 这应根据该图书馆的类型、任务、藏书规模、藏书组织、工作部门以及读者的要求来决定。不同类型和不同规模的图书馆,设置目录的种类应有所不同。

一般来讲,图书馆应当分别设置读者目录和公务目录。但小型图书馆两者也可以合一。

读者目录应根据藏书的内容,将适于一般读者阅读的图书,编制推荐性图书目录;将不适于一般读者阅读的图书,编制参考性图书目录。此外,还可以根据不同类型的出版物,分别编制期刊目录、特种图书文献目录(如缩微资料、专利文献等)。藏有外文书的图书馆,还应按文种分别编制西文、日文等图书目录。

普通图书一般设有分类、书名、著者三种目录。人力少、规模小的图书馆也可以不编著者目录。科学图书馆可以为科技图书编制主题目录。

公务目录中,应当设置包括馆内全部藏书的总目录,最好有书名和分类两种,也可以加上著者目录。

以上只是就一般情况而言。一个具体的图书馆应根据自己的条件来决定设置哪些种类的目录。这就是目录工作的计划性。

关于目录之间的关系问题:第一,要建立各种、各类目录之间的联系,如:中、外文目录之间;书名、著者、分类、主题目录之间彼此如何联系。第二,要避免各种目录之间的重复,如:普通目录与专门目录之间;四种目录之间,特别是分类目录和主题目录之间,如何避免重复。这里牵涉到一系列编目技术问题,要详细地制订编目规则才能解决。

关于目录体系的一些问题,应该用文字固定下来,成为图书馆的目录制度,才能保证全馆目录的统一完整。

总之,为了多方面地揭示馆藏,提供对一本书或一个问题的多方面检索途径的工具,就需要对一本书进行很多条著录,组织成许多种目录。目录既然有很多种,就应当使它们分工合作,互相补充,组成一个整体。所以,图书著录、图书分类、目录组织和目录体系,是编制图书馆目录的几个有机组成部分。在进行每一项工作时,都要有整体观念,要把这几项工作很好地结合起来。

参考书目

1.《图书馆目录》 刘国钧、陈绍业、王凤翥编 高等教育出版社 1957 年

2.《中文普通图书统一著录条例》(试用本) 北京图书馆编 书目文献出版社 1979 年

3.《中国图书馆图书分类法》《中国图书馆图书分类法》编辑组编 科学技

术文献出版社　1975年10月

4.《图书分类基础知识》　史永元　《黑龙江图书馆》　1979年第4期

5.《谈谈文献库的磁带格式》　沈迪飞　《图书馆工作》　1979年第1期

第七章　图书馆的读者服务

　　图书馆的业务工作,按其性质可分为两大部分:一是藏书工作,包括藏书的收集、整理、组织、保管等几个环节。二是读者工作,包括流通阅览、宣传辅导、参考咨询等几个环节。无论是藏书工作,还是读者工作,作为图书馆业务工作的组成部分,它们都是直接或间接为读者服务的工作,它们都要共同承担为社会的生产、科学、教育、文化服务的责任。其中,读者工作在整个图书馆的业务工作中所起的前哨作用、桥梁作用和尺度作用,是它的特有作用。

　　读者工作是图书馆的第一线工作,它直接面对读者,起着前哨作用。读者工作的好坏,直接关系到藏书在人民群众中利用的程度,图书馆满足读者需要的程度,以及对于生产的发展、科学的进步、文化教育水平的提高所起的作用。

　　读者工作还是联系读者与藏书的桥梁。一方面,读者工作要把图书馆收藏的大量藏书宣传推荐给有关的读者,使藏书充分发挥作用;另一方面,还要为各种读者准确、及时地提供书刊资料,满足读者多种多样的阅读需要。这就要通过读者工作来起这个桥梁作用。

　　读者工作又是衡量藏书工作质量的尺度。图书馆藏书的数量、质量如何,系统完整程度、科学价值和实用价值怎样,都要通过读者利用藏书的实践来检验。此外,图书整理加工、组织保管及其他工作,也要通过读者工作的实践来衡量其效果。

读者工作的特点是什么呢,就是以各种读者为服务对象,以各种藏书为服务手段,以藏书的使用为中心,通过外借、阅览、复制、咨询等多种方式开展服务活动。藏书使用的公共性,要求图书馆最大限度地开放藏书,满足读者的需要,充分发挥藏书资源的作用。藏书在图书馆与读者之间来回传递,反复流通使用。藏书流动的反复性与长久性,要求图书馆加强科学管理,采用先进的技术手段,加速图书资料的周转传递速度,以方便读者利用,因此要正确处理好收藏与利用的关系。读者对象的广泛性,要求图书馆有区分地为读者服务,区分主次,明确轻重缓急,保证重点读者和重点单位的需要,兼顾一般读者和一般需要,并按照各类型读者的阅读特点和阅读规律开展有效的服务工作。

第一节 读者阅读需要的研究

要有效地做好为读者服务的工作,必须了解读者,研究不同读者对图书资料需要的特点,分析他们有哪些阅读规律。

一、分析读者的阅读需要

读者的阅读需要尽管千差万别,变化多端,但是仍然有规律可循。有总的共同性的阅读倾向,有不同读者群的阅读倾向,有集体单位的阅读倾向,也有个人不同的阅读倾向。各种读者阅读倾向都要受到社会某种主要因素的影响和制约,例如社会形势、读者的职业、担负的任务或个人兴趣爱好等等。掌握这些阅读倾向及其发展变化的原因,是做好读者工作的前提。

1. 一定历史时期读者阅读需要的总倾向

在一个时期内,常常会出现一种情况,即许多读者比较集中地同时借阅某些类别的图书资料,过一个时期,读者的借阅倾向又转向另外一些图书资料。这种共同性的读者阅读需要的总倾向,具有强烈的时代特点。它不是无缘无故出现的,而是受到一定历史时期的政治形势和社会潮流等因素影响的结果。不同的历史时代,都会产生富有时代特色的阅读总倾向。同一个历史时代不同发展阶段,有着不同的政治形势,不同的经济要求和文化状况,不同的路线、方针、任务,因而产生不同的需要和阅读倾向,直接影响到读者服务工作,甚至影响到图书馆业务工作的所有环节。

图书馆对于读者阅读需要的总倾向,应当进行分析研究,区分哪些是带有长远性的需要,哪些是临时性的需要,以便决定工作的主次,妥善安排读者服务工作。

2. 不同读者群的阅读需要

区分读者群的因素很多,其中职业、文化程度和年龄是区分读者群的主要因素。读者所从事的生产、工作、学习任务,即职业,直接影响其阅读需要。相同的职业和工种的读者,阅读需要具有许多共同点,而不同的职业会导致明显的阅读差别。脑力劳动者和体力劳动者,科学工作者和工程技术人员,教授和学生分别属于不同的读者群,阅读需要各有特点。同时,阅读需要的广度和深度,取决于读者的文化程度、年龄特征和专业性质。研究人员和普通工人,大中小学的学生,阅读需要很不相同。不同工种的工人,不同专业的学生,相同专业的高年级学生和低年级学生,阅读需要都不尽相同。总之,掌握读者的职业、专业、文化程度和年龄特征,可以了解同一读者群的共同阅读需要,也可以了解不同读者群的不同阅读需要。

3. 服务单位与课题的阅读需要

在图书馆的服务对象中,除了大量的个人读者之外,还有相当数量的服务单位和集体读者。这些单位和集体,往往担负着重要的科学研究任务,按照预订计划完成特定的研究项目与研究课题。

图书馆对于服务单位与研究课题的阅读需要,应根据区别对待的原则,摸清其专业范围、性质、任务及需要的重点,集中力量为他们收集和提供书刊资料,真正做到广、快、精、准,千方百计地满足需要。

4. 读者个人兴趣爱好的阅读需要

学习兴趣是人们获取知识、研究问题、探索未来的一种特殊认识倾向和心理素质。人们的学习兴趣爱好是千差万别的,它受到各种社会环境条件的影响,形成了个人认识倾向和心理素质的差异,表现出不同的兴趣和爱好。古今中外许多杰出的科学家、作家,他们所以能够走在同辈人的前面,除了时代赋予他们的条件之外,很重要的因素,是他们对自然或社会的研究具有浓厚的兴趣,付出了巨大的精力,表现了超人的智慧,因而做出了卓越的成就。读者个人不同的兴趣爱好,反映出广大读者千差万别的阅读需要。有的人兴趣爱好同他们所从事的职业和专业相一致;而有的人则并不一致,表现为业余的兴趣爱好。青少年读者个人的阅读需要,常常表现为业余兴趣爱好。有的广泛涉猎,有的专攻某一领域,有的爱好数、理、化,有的喜欢文学,有的专门阅读科技书刊。青少年读者思想活跃,求知欲强,接受新事物快,兴趣爱好容易起变化。图书馆要根据青少年不同的兴趣特点,积极地引导他们,培养他们对科学的浓厚兴趣,为他们打开通往科学世界的知识大门,使他们的兴趣爱好建立在广泛坚实的基础之上。

二、三大类型图书馆的读者及服务工作的特点

1. 省、市(自治区)公共图书馆

公共图书馆面向社会,为一个地区内各种类型的读者服务。它的服务工作的特点是:

(1)读者对象广泛、复杂、多变。

省、市(自治区)公共图书馆,面向本地区广大人民群众,读者对象具有广泛的社会性和群众性。不同的社会职业,不同的文化程度,不同的年龄,都可以成为公共图书馆的读者,都可以利用公共图书馆的藏书资源。其中,许多读者的职业性质,工作、学习单位,居住地点等具有较大的变动性。公共图书馆读者对象的广泛、复杂、多变的特点,是其他类型图书馆所没有的。这一特点决定了公共图书馆要做好发展读者的工作,要经常研究读者利用图书馆的情况。

发展读者要根据本馆的能力,结合本地区经济、科学、教育、文化发展的需要,本地区各类型图书馆的分布情况以及读者的分布情况,具体确定发展读者的总数量,各类型读者的数量,各种文化水平以及各种年龄读者的数量等等。要根据省、市图书馆的任务,妥善地确定科学技术工作者与大众性读者的比例。同时,兼顾个人读者与集体读者,外借读者与阅览读者,馆内流通读者与馆外流通读者。做到有计划按比例的发展。

调整读者成分也是公共图书馆经常性的任务。按照读者的变动情况,读者到馆借阅情况,各类藏书流通利用情况,定期调整读者成分,使读者队伍成分与馆藏图书成分平衡协调,以便充分发挥各类藏书的作用。

(2)大众性读者需要多样化,利用图书馆时间比较集中,文艺书籍流通量大。

大众性读者中,各行业的青年读者居多。他们从事的职业、工种不同,利用图书馆的动机目的各异,阅读兴趣广泛,需要多样,涉及到各个知识门类的书刊资料。同时,由于他们是青年,在工作、劳动、学习之余,比较喜爱文艺书籍,尤其爱读中外优秀名著,以扩大眼界,增长知识,丰富精神生活。他们到图书馆借阅业务书籍和文艺书籍大都利用业余时间和节假日,主要是借回去阅读。有时也利用一部分业余时间到阅览室翻阅书报杂志,学习时事政治,学习科学文化知识。在一般的情况下,大众性读者中文艺书籍的流通量大于其他各类书籍的流通量。图书馆工作人员要掌握大众性读者阅读需要的特点,加强业余时间的外借阅览工作,随时注意读者阅读需要的发展变化,因势利导,加速图书周转,满足读者需要。

（3）科研性读者广泛分散,需要书刊门类多,数量大,阅览、外借并重。

省、市(自治区)公共图书馆的主要服务对象是本地区党政领导机关、生产、科研部门和文化教育部门,包括领导干部、专家、学者、教师、科技人员、作家、文艺工作者等。他们需要的书刊资料,既有社会科学,也有自然科学,又有技术科学。他们从事某项研究课题,既是研究任务,又是本职工作,利用图书馆没有工作时间与业余时间之分。他们需要在图书馆查阅大量的书刊资料,其中一部分需要借出馆外或复制回去,大部分需要在专门的阅览室或研究室查阅参考。同时也需要书目参考部门和咨询部门帮助查找、检索文献资料。为了加强为科学研究服务,省、市、自治区图书馆要为科研读者设立专门的科学技术服务部门,加强书目参考和情报服务,为科研人员创造更好的条件。

2.科学研究系统图书馆

（1）科学研究系统图书馆的读者对象,主要是本单位、本系统的科学研究人员,成分单一,水平整齐,人员稳定,基本情况容易了解掌握。他们使用图书馆目的性明确。他们的需要大都与本身担负的工作或研究任务有关,其要求专深具体,全面系统。

（2）读者的研究课题专业性强,计划性强,需要书刊资料范围明确具体,外文比重大。对资料的要求是全面系统。所谓全面系统,要求在内容上,包括不同观点、不同学派、不同技术规格的书刊资料;在时间上,包括历史上各个时期的重要史料;在范围上,包括国内外的有关资料;在类型上,包括一般书刊,特种文献资料,以及各种缩微、视听资料。这就要求图书馆工作人员必须具有较高的专业知识、外文水平和文献知识水平。专业图书馆要开展定题服务,跟踪服务,加强情报的报导和提供,及时向读者通报最新的文献情报和学术动态。有条件的还要主动配合研究课题,开展情报分析、资料编译等工作,做好科研工作的前期劳动,当好科研工作的耳目、参谋和助手。

3.高等学校图书馆

(1)高等学校图书馆的主要读者是教师、学生。服务对象稳定,文化水平比较整齐,教学科研工作按一定的计划进行,规律性强。高校图书馆由总馆、分馆,各系、各研究所资料室共同组成全校图书情报资料体系。

(2)教师是教学和科学研究的主要力量,是图书馆的重点服务对象。教师队伍的建设与提高是办好学校的关键。教师队伍中的老、中、青三类教师各有不同的特点。老教师,具有丰富的教学、科研经验,学术上有较深的造诣,他们是教学、科研的指导力量。图书馆对老教师主要提供中外文工具书和最新情报资料。中年教师,具有比较成熟的教学和科研经验,是教学、科研工作的骨干力量,他们起着承上启下的作用。图书馆应主动了解需要,为他们代查、代译、代借、代购、复制有关书刊资料,尽可能提供方便条件。青年教师处于进修、提高阶段,担任一部分教学任务和科研任务,他们利用图书馆的时间多,查阅资料广泛,借阅书刊数量大。图书馆对于青年教师,要加强新书宣传推荐工作和参考咨询工作,帮助他们掌握和利用各种参考工具和文献检索工具,以提高教学和科研能力。

(3)学生和研究生是图书馆服务的主要对象之一。他们以系统的专业学习和研究为主要任务。除上课以外,大部分时间都在自学,他们需要最多的是借阅专业参考资料,其次是课外读物。他们的学习都是分专业、有计划、按阶段进行的。因此对图书资料的需要,有一个循序渐进的发展过程。每学期大致分为开学、期中、期末、假期四个主要阶段,随着教学的深化,学生在各阶段需要的

148

参考资料也有所不同。图书馆和资料室,应根据各阶段的特点,组织好教学参考资料的供应工作。

（4）高等学校是科学研究的重要方面军。高等学校的科学研究工作,根据国家科学技术发展规划和学校的基础,以当代世界先进科学水平为起点,确定科研方向。在选题上,社会科学兼顾理论、历史、现状三个方面;自然科学兼顾基础学科、技术学科、新兴学科三个方面。高等学校开展科学研究的主要力量是教师和研究生。科学研究的领域广泛,课题多样,反映了学校多学科、多专业的特点。图书馆根据科研的特点及其重要程度,按照保证重点,照顾一般,分别服务的原则,有计划有分工地组织文献情报服务工作。

第二节　图书流通

图书馆为读者服务,采用多种图书流通方式,包括外借、阅览、复制、馆外流通等。

一、外借服务

外借服务是满足读者将藏书借出馆外的一种服务方式。

外借处是读者借书、还书的地方,同时也开展宣传图书,辅导阅读,解答一般咨询的工作。

1. 外借处的组成

一般图书馆的外借处由三部分组成:目录厅,出纳台和书库。目录厅陈放着各种卡片目录,供读者查找图书使用。读者目录一般设有分类目录、著者目录、书名目录,也有的馆还设有主题目录。目录厅内有目录使用说明。有的馆还专门设有问询处,配备专人辅导读者查用目录,并解答口头咨询。出纳台是办理借书、还书的地方,设在书库与目录厅的连接处。在出纳台里陈放着读者的借书档案,反映了读者利用藏书的情况,也反映了各类藏书的流通情况。流通书库分为基本书库和辅助书库两种。基本书库收藏全馆的主要藏书。辅助书库的藏书范围根据外借处的性质和读者对象而定;有时也适当考虑藏书流通量的大小、文种、藏书的类型以及书库本身的负荷量等因素。

2. 外借处的种类

不同类型图书馆,根据其性质、规模和读者情况,设置不同种类的外借处。归纳起来,有普通外借处,分科外借处和分读者外借处。普通外借处是综合性的藏书,供一般读者外借,将基本书库作为流通书库。分科外借处,一般是按大的知识门类设置外借处,如自然科学书籍外借处,社会科学书籍外借处,文艺书籍外借处等。分读者外借处,是指为不同读者成分设置的外借处,如公共图书馆设有科研人员外借处,少年儿童外借处,高等学校图书馆设有教师外借处,学生外借处等等。这种外借处的优点在于读者对象相对固定,成分单一,便于深入研究其阅读需要的特点,开展有针对性的服务活动。

3. 外借方式

为了方便读者,图书馆采用了多种方式外借图书,包括个人外借、集体外借、预约借书、馆际借书、国际借书等等。

(1)个人外借,是一种主要的、基本的外借方式。它能满足不同读者对图书千差万别的需要。个人外借在各种外借方式中流通量最大,外借活动最活跃。

(2)集体外借,一种是以单位名义借书,另一种是小组借书。如读书小组、书评小组、年级班组等单位集体向图书馆借书。集体借书的好处是能够合理分配图书,充分发挥藏书的作用,同时也便于因各种情况不能来馆的读者利用图书,节省借书时间。

(3)馆际借书,是图书馆之间互相利用对方的藏书,以满足读者需要的服务方式。馆际借书只解决读者的特殊需要,不解决读者的一般阅读需要。外地图书馆互借图书,则采用邮寄借书的办法。

(4)国际借书是国际间图书馆相互借书,实现国际图书资源共享的一种方式。国际借书主要是在各国的国家图书馆之间开展。

(5)预约借书,读者向图书馆预约某种暂被借出的图书,待该书还回后,馆员按预约顺序通知读者取书。这种方式对于满足读者需要,减少图书拒借率起到有效的作用。

4.借书记录及其排列方式

借书记录包括借书证、索书单、书卡、期限表等。借书证(或借书卡)是读者借书的凭证,也作为借书记录的凭据。索书单是馆员到书库取书的依据,也作为统计借阅率和拒借率的一种依据。索书单只在闭架借书时才是必要的。书卡是读者借书记录存根,它反映图书的使用情况及其去向,是借书、还书及排列存根的依据。期限表,打印借书日期,填写借书人姓名或借书证号,起着提醒读者还书日期以及辨别借书人的作用。

完善的借书记录应当回答三个问题:第一,某读者借去了哪些书? 反映读者的借阅情况,第二,某书被谁借去了? 反映图书的去向,第三,哪天有哪些书应当归还? 反映图书的借、还日期。对于这三个问题,不同图书馆根据自己的实际情况,分别采用单轨制(或称单卡制)或双轨制(或称双卡制)排列借书记录,给予不同的回答。

二、阅览服务

阅览服务是图书馆组织读者在阅览室利用书刊资料的一种服务方式。阅览室是读者阅读、研究、自学的场所。阅览室内,陈放有各种书刊资料,书目索引和参考工具书,较好的阅览设备,充足的光线,安静的气氛和清洁的环境,同时还配备有专门的工作人员开展图书宣传、阅读辅导和解答咨询的工作。

1. 阅览室的种类

综观各类型图书馆所设置的阅览室,可分为三种类型,即普通阅览室、分科阅览室和参考研究室。它们设置的目的、藏书范围、读者对象以及具体要求等都有不同的特点。

普通阅览室具有综合性的藏书,它选择内容较好,现实性较强的书刊供一般读者学习阅览。一般规模较大,座位较多,读者对象不限,利用率较高。普通阅览室又分两种情况。一种是闭架借书阅览室,设有专门的辅助书库;另一种是开架阅览室,室内陈列读者常用的有关书籍、报纸、期刊,以及主要的检索参考工具书,供读者自由使用。这种阅览室为读者创造良好的学习条件,具有自修室的性质。

分科阅览室,是各种图书馆阅览室的主要部分。图书馆根据知识门类、读者对象、藏书类型和文种等特点,分科设立各种专门性的阅览室,满足各种读者的特定需要。按知识门类设置的阅览室是为了系统地集中某些学科范围的藏书,供读者按专业、按课题查找利用书刊资料,也便于馆员向专业化的方向发展。如社会科学阅览室、科技阅览室、文艺阅览室等。按读者对象设置的阅览室,是为了有区别地为不同读者对象服务,根据他们的不同特点和需要开展工作。如科技人员阅览室、少年儿童阅览室、教师阅览室、学生阅览室等。按藏书类型设置的阅览室,主要是为了更好地管理和使用具有特殊条件的各类型出版物。如古籍善本阅览室、缩微资料阅览室、视听资料阅览室等。此外,还有按语言文字设置的阅览室,如外文图书阅览室、少数民族语文阅览室等等。

参考研究室是一种特殊类型的阅览室。它是为了满足科学、教育、文艺及其他专业工作人员从事某项创作或研究,需要参考阅读有关方面的图书文献资料而专门开辟的。这种参考研究室一般规模较小,需要资料较专,时间多为短期性质。为科学研究服务的图书馆,一般都可以设立小型的参考研究室,在一定时期内专为特定读者和专门研究课题服务。

阅览室的种类很多,各种阅览室都有它产生发展的条件,有它特定的作用。一个图书馆究竟要设置哪些阅览室,要根据客观需要和本馆的实际条件而定。

2. 阅览室的特点及发展趋势

阅览室同外借处相比较有许多不同特点。读者在阅览室能阅读许多不外借的书刊,如古籍善本,旧平装书,期刊,特种文献,参考工具及其他珍贵书刊。读者可以在阅览室同时利用许多书刊资料,从中查找参考某一篇、某一段落、某一数据、某一图表,而不受数量限制。读者除利用藏书以外,还可以利用阅览条件和各种特殊设备,如显微阅读设备,视听设备等。读者在阅览室可以有目的地查考资料,也可以广泛浏览报刊杂志,扩大知识面,丰富文化生活。图书在阅览室利用率高,周转快,可以减少复本量。馆员在阅览室有较多的机会接近读者,了解读者的阅读需要和阅读效果,便于有针对性地开展服务工作。

分科开架阅览是现代各国图书馆阅览工作的发展趋势。分科设置阅览室,使阅览室朝着专业化的方向发展。实行开架阅览,方便读者自由查阅书刊,充分发挥藏书作用,提高服务效率。开架阅览是世界各国普遍采用的办法,许多国家的政府有关部门,先后作了有关开架的相应规定。有的国家还允许读者把自己的书带进阅览室,允许读者把开架的书刊拿到馆内任何一个开架阅览室内去看,大大地方便了读者。我国国家文物局、教育部等有关部门,也规定公共图书馆和高等学校图书馆对于教学人员和科研人员可实行部分书刊的开架阅览。

三、复制服务

随着科学研究的深入,读者对书刊文献资料的需要日益增长。文献复制,是一种有效的服务手段,在读者服务工作中得到运用,发挥很大作用。

首先,提高了书刊资料的利用率,满足多方面的需要。图书馆收藏书刊资料的数量、品种、复本有限,同广大读者的需要之间经常出现供不应求的矛盾。科技工作者所需要的资料范围广、品种多、数量大,内容专门。有的借整本书,但更多的则是从大量书刊中摘取片断文献、数据或论述。如果他们长时间地占用有大量的书刊,必然影响藏书的利用率,影响其他读者的需要。而且,让他们经常到图书馆来翻阅或摘抄整本书或整套刊物,既费时,又费事。有些孤本书、丛书、珍贵的书刊不外借,也使读者在使用上感到很不方便。在这种情况下,运用复制方法,从大量书刊中复印出所需要的片断文献资料,既方便科技人员,满足广大读者多方面的需要,又提高了书刊资料的利用率,有效地保存了珍贵书刊,有利于长期使用。

其次,可以提高了书刊资料的周转率,快速传递情报。时间对于科技工作者来说,是特别宝贵的。速度对于科学情报的传递,是非常重要的。图书情报部门,利用文献复制的方法,将国内外最新的科技情报动态,针对需要及时复制,迅速传递到读者手中。这样,既加速了书刊资料的周转率,又高效能地满足更多读者的需要。同时,在图书情报部门之间,也及时地进行了情报文献交流。

再次,可以有效地获取难得书刊资料,高密度地存贮书刊资料。许多难得书刊,可通过复制获得,并利用复制品供给读者阅览、邮借、馆际互借使用。同时,由于缩微品的倍率高,代替原件保存,可节约大量藏书空间,解决或缓和书库空间紧张的问题。起到高密度存贮书刊资料的作用。

文献复制方法很多，图书情报部门采用较为普遍的有两种，一种是缩微照相法，一种是静电复印法。缩微照相法，主要用于图书情报资料的保存和管理。静电复印法，主要用于图书情报的传递和使用。国外一些图书馆，除有关部门专门为读者开展文献复制业务以外，还在阅览室设置静电复印机、缩微阅读复印机，由读者自己操作使用，边查阅，边复印，节省时间，方便读者。我国一些图书馆添置了静电复印设备，配备专门的工作人员为读者开展文献复制业务，收到良好效果。

四、馆外流通服务

采用流通站、流动车、送书上门等方式，在馆外开展书刊外借阅览活动，主动为广大群众服务，扩大图书流通范围，充分发挥藏书的作用，这是广大基层图书馆经常采用的服务方式之一。这种方式，深入群众，密切了图书馆与读者的联系，方便了不能直接到馆利用书刊的群众，满足了广大读者工作、学习、研究、文化生活的一些需要，使得更多的读者了解图书馆，利用图书馆。

1. 图书流通站

图书馆根据需要，经过调查了解，确定在一些工厂、机关、居民点等人口集中的地方，建立图书流通站。建站时，要取得当地领导的支持配合，并依靠热心图书工作的业余积极分子开展借阅图书的活动。图书馆要挑选现实性强、有针对性的优秀书刊，采用定期借换的办法，借给图书流通站使用。图书馆抽出一定人力，经常或定期举办业余训练班，培训业余管理员，辅导他们开展业务工作，使流通站得到巩固和发展。

建立流通站，要从实际出发，讲求实效，本着积极主动，量力而行的精神，一个一个的，一批一批的，有计划有步骤地建立、巩固和发展。

2. 图书流动车

图书流动车是图书馆主动送书到馆外群众聚集的地方,开展借阅活动的一种流通方式。国外许多公共图书馆,都配备有专门的机动车。我国多用非机动车,作为馆外巡回流动书车。书车按照预定的线路,根据一定的要求配备图书,定时定点送书,开展巡回流通活动。有的馆将流动车与流通站的工作结合起来,将图书流通与业务辅导结合起来。

在偏远的农村、山区,利用图书流动箱、图书流动包,送书服务,开展活动。

3. 送书上门

这种方式,主要用于重点读者或重点科研项目。对于某些重点研究任务,通过送书上门,进行定题服务,跟踪服务,可收到显著效果。

五、开架问题

开架与闭架是两种不同的借阅方式和制度。开架与闭架两种方式比较起来,开架方式为读者所欢迎,具有较多的优越性。实行开架制,读者直接入库选书,不需馆员和目录作媒介,省去查目、填单、排队等候的时间。同时,由于读者广泛接触藏书,打开了眼界,选择性大,借阅范围广,大大降低了拒借率,扩大了图书流通范围,开拓了读者知识视野,提高了读者阅读兴趣和阅读效果。实行开架制,馆员从进库找书等繁忙的事务工作中解脱出来,有更多的时间宣传推荐图书,有更多的机会接近读者,了解读者的需要,开展阅读辅导,密切了馆员与读者之间的关系。同时,开架制也向馆员提出了更高的要求,要不断提高业务水平,加强责任感,把服务工作作得更加主动深入和具体。

开架制的许多优点已逐渐被人们认识,但这些优点只有在一定的条件下才能发挥作用,否则,它的缺点就会显得很突出。开架的缺点是容易产生乱架、破损和丢失,不利于藏书的保护,其结果必然影响读者的再利用。与此相反,闭架的优点是藏书安全、完整、有秩序,有利于藏书的保护。它的缺点是不方便读者借书,读者不能直接接触藏书,费时费事,馆员劳动强度大,拒借率高。总之,开架的优点正是闭架的缺点,而开架的缺点正是闭架的优点。两种借阅方式,各有所长,各有所短,各自有不同的作用。

此外,介于开架与闭架之间的,还有一种半开架方式。半开架式,通常以展览的形式将图书陈列在有玻璃的书架里,读者能看到书名和外形,不能自取,只有通过馆员才能翻阅内容。这种方式具有宣传推荐和样本展览作用,只是一种辅助性的方式,不是基本的借阅方式。

根据我国目前的情况,可以实行局部范围的、有条件的开架制,即对一定的藏书范围和一定的读者对象实行开架制,其余的实行闭架制。采用开架与闭架相结合的办法是适宜的。传统的闭架不适应形势的需要,而无条件的大开架也会造成严重的恶果,都是不可取的。图书馆根据需要与可能条件,对不同藏书和不同读者分别采用不同的借阅制度。有的馆实行开架阅览,闭架外借;有的实行部分藏书开架外借;有的实行部分读者开架外借;有的实行部分阅览开架;也有一些小型专业图书馆,由于读者比较固定,所以实行外借、阅览流通书库全开架的办法。无论实行哪种开架制度,都必须认真对待开架可能出现的具体问题。

六、拒借率问题

拒借率是图书流通工作中存在的重要问题。研究拒借原因,降低拒借率,关系到提高服务质量,全面协调图书馆各项工作,发挥图书资源在现代化建设中的作用。

所谓拒借,就是图书馆未能满足读者的借书要求。拒借率则是指在一定时期内,读者向图书馆提出的合理的借书要求中,未能借到的部分所占的比例。

产生拒借率,有主观原因,也有客观原因,应着重分析主观原因,研究各项工作环节造成拒借的具体原因,才能从根本上降低拒借率。

藏书建设工作方面的原因:(1)采购原则不明确,藏书范围与重点不具体,品种与复本确定不当,造成藏书不系统、不完整,影响读者的实际需要。(2)不善于掌握出版、发行和书业动态,不能广辟书源,补充方式单一,漏购、缺购的又未及时补配,致使藏书质量不高。(3)对于馆藏情况和读者需要情况不熟悉等等,都可造成拒借。

藏书整理与目录组织工作方面的原因:(1)分编不及时,造成积压,影响及时流通。(2)分编前后不一致;藏书与目录组织多头;差错大,排检混乱,难以查找;目录组织不完备,有卡无书,有书无卡,目录不能反映藏书情况。(3)藏书管理不善,又不及时检查清点,致使有些藏书长期积压不被利用,变成死书。

流通借阅工作方面的原因:(1)图书开放范围太窄,借书限制过死,可供借阅的图书太少。(2)借阅制度不健全,执行不严格,借期过长,久借不还,借数过多,大量藏书积压在少数读者手中,影响了正常的图书周转率。(3)外借方式单一,不能区别服务,没有采取预约、复制及互借方式满足特殊需要。(4)图书宣传,阅读辅导工作跟不上,读者不会使用目录,不懂如何使用图书馆,又无人指导。(5)干部业务水平低,不熟悉馆藏,不善于推荐相关图书,工作责任心不强。

总之,造成借阅拒借率的主观原因,主要是干部的业务水平低,科学管理差,事业心不强,缺乏严肃认真的工作态度和全心全意为人民服务的精神。因此,全面提高干部的业务水平,加强基础知识学习和基本功的训练,是降低拒借率,提高流通率的根本措施。还要加强全馆各部门业务工作的联系和协作,平衡和协调各个工作环节,共同满足读者的借阅需要。加强科学管理,加强基础工作,建立岗位责任制,严格规章制度,提高管理水平和服务质量。建立多种借阅制度,实行外借与阅览,馆内与馆外,开架与闭架,一般外借与预约、复制、馆际互借相结合的办法,通过各个渠道,采用各种方式加速图书流通,不断提高服务质量,这些都是降低拒借率的有效措施。

第三节　宣传辅导

为了充分发挥图书馆藏书的作用,扩大图书馆的影响,提高服务质量,在做好借阅流通工作的同时,还应进一步做好宣传辅导工作,主动地向读者揭示馆藏,积极地为实现四个现代化开拓书刊资料的源泉和线索,努力为读者提供最新、最好的书刊资料。所以宣传辅导工作是读者服务工作的一个重要的组成部分。

开展宣传辅导工作可以达到下列目的:

第一、配合党的中心任务,利用书刊资料,宣传党的方针、政策、决议等;

第二、可以吸引更多的读者来利用图书馆,扩大图书馆的影响,密切图书馆与读者的联系;

第三、可以帮助读者了解图书馆所收藏的各种书刊资料的情况,扩大图书流通的范围,更有效地发挥藏书的作用;

第四、可以在读书方法和图书馆的使用方法上给读者一定的辅导和帮助,从而提高读者查找书刊资料的效率和读书的效果。

一、图书宣传方式

图书宣传是利用直观形式、书目形式或群众活动等形式来宣传书刊资料。它能够在同一时期内,集中地向很多读者进行宣传,影响面较宽,同时,方式灵活多样。常用的方式有:新书通报、书刊展览、报告会、书评活动等。基层图书馆可用来向广大读者普及科学、文化知识,科学图书馆也可用来向科技工作者推荐科技文献资料。因此,它们可以被各种类型的图书馆所采用。通过各种宣传活动,不仅可以向到馆的读者宣传图书,而且可以向未到馆的,但与图书馆有联系的读者宣传推荐书刊资料。

图书宣传的方式很多。下面介绍几种主要的宣传方式和做法:

1. 专题书刊展览

通过专题书刊展览可以使读者了解某一专题或某一方面的书刊资料,可在较短的时间内集中地、直接地翻阅大量的书刊,并根据自己的需要选择有用的书刊资料。通过专题展览还可以较深入地了解某一专题的国内外的科学发展水平、当前的发展方向以及有关书刊的出版情况等。可以检阅馆藏是否收集齐全,有无薄弱环节。通过专题展览,可以在较短的时间内提高馆员的科学知识和目录学知识,为开展有关专题的文献检索,解答读者的咨询创造条件。所以,专题展览对于宣传图书、提供文献、检阅藏书、提高干部水平等都有重要的意义。

专题展览的内容、性质、主题非常广泛。它可以宣传国内外科学技术的新成就,也可以普及科学文化知识。它可以宣传某一类型的文献或介绍某些检索工具的使用方法,也可以揭露馆藏,报道文献资料的入藏情况。专题展览还可以配合党和国家的中心任务,重大的政治事件、重要的纪念节日或名人诞辰,宣传有关的书刊资料。

专题展览的规模,可以是全面论述一个重大的课题,包括几百种展品的大型展览;也可以是简要地说明一个专题,包括十几本、几十本书的小型专题陈列。其规模的大小,应根据主题的性质,读者的需要以及图书馆的条件作具体安排。

专题展览的组织工作包括:

第一,确定展览的主题

选好展览的主题是搞好展览的关键。题目选对了,展览的效果就好。题目应结合现实工作的需要、当前的中心任务或科研工作中一些重大的、急需解决的关键性问题。选题的大小要适当。题目过大,文献过多,质量深度不易保证;题目过窄,感兴趣的读者很少,也会影响展览的效果。

第二,搜集与选择材料

搜集与选择有关的图书、报刊、资料、图表、照片等,是搞好展览的基本条件。搜集材料时,可采取重点探索和全面展开两个步骤。可请有文献工作经验的同志先对该主题的文献资料进行探索,摸出线索和头绪,然后逐步展开,扩大材料的搜集范围。材料搜集来以后,要进行选择,去粗取精,选出最能够反映和表现主题的材料,并突出最新科学成就的或有代表性的文献资料。

第三,编排展品,编写说明

展品一般按主题进行编排。要重点突出,层次分明,展览的各部分之间要形成有机的整体。

编好展览的说明文字,对于加强展览效果有重要的作用。文字说明要准确、简练、生动,能够给观众留下鲜明而深刻的印象,加深宣传效果。

第四,陈列展出

在展出时,应注意搜集和听取读者的意见。为了扩大展览的效果和影响,编制展览目录是很必要的。由于展出的书刊是经过严格选择的,展览期间又经过补充和淘汰,所以展览目录中所反映的书刊资料的质量一般较高。

2. 报告会

围绕一本书、一组主题相近的书籍或一个专题,邀请有研究的人作报告,介绍和评价这些书籍或问题。

报告会的主题是非常广泛的。不仅能评介文艺书籍,也可以介绍哲学、社会科学、自然科学以及科学技术方面最新的学术动态或成就。还可以介绍某一作家或学者的生平事迹和著作,或配合党、政的中心工作举办有关主题的报告会。

邀请适当的主讲人是开好报告会的关键。主讲人必须具有较高的学术水平,对所讲的问题要有较深的研究或有较丰富的经验,并具有一定的表达能力。

配合报告会可以同时开展一些图书宣传活动,如:举办有关的书刊展览,编印专题书目,或出黑板报等。

3. 图书评论活动

图书馆开展书评活动的方式很多,主要有:

出版评论书籍的壁报、板报或刊物,刊登读者写的评论文章、读书心得或读后感等,以便互相交流对图书的理解或认识。还可召开图书评论会或读书座谈会。通过评论或座谈,可以使读者互相启发,加深对图书内容的理解,提高认识水平和分析能力。图书馆召开图书评论会时,事前要做好准备工作。最好先拟定一个带有启发性的讨论提纲,作为读者阅读时思考问题的参考。为了开好评论会,可选出体会或认识较深的读者作为会上的重点发言。在讨论过程中,掌握会场的人善于提出问题,启发读者展开讨论,又要善于归纳读者的意见,引导群众集中评论作品的主题思想。

图书评论活动是宣传图书,辅导读者阅读的有效方式,也是馆员了解和研究读者的阅读情况和阅读效果的重要依据。

宣传图书还有许多小型多样的方式,如:黑板报、墙报、报刊资料剪辑、故事会、朗诵会、放映幻灯等等。各类型图书馆在开展宣传活动时,要根据宣传的内容、性质、图书馆的具体条件和读者的实际情况,灵活地采用各种宣传方式。一般来讲,要多采用小型、多样、生动、活泼的方式。因为大型的宣传活动虽然影响较大,效果较好,但组织工作比较复杂,费时费事。而小型的宣传活动,组织简便,方式灵活,能够及时地宣传书刊资料,使宣传工作经常化,易于深入读者。

二、各种书刊资料的宣传

1. 新到书刊资料的宣传报道

图书馆将搜集来的文献资料及时地、系统地通报给读者,使读者了解图书馆新到了什么书刊资料,或关于某一问题、某一学科,图书馆新收藏了哪些书刊资料。新到书刊资料的宣传报道是一种主动服务的业务。只有把新到馆的各种书刊资料广泛地通报给读者,才能尽快地发挥藏书的作用。新书报道工作应以快为原则。特别是科技文献资料,如不及时宣传报道,很快就要失去科学价值。新书报道还应注意准确、全面。

新到书刊资料的宣传报道形式有:

(1)新书展览(新书陈列)

它的特点是及时、简便、直观,能够较快地向读者报道到馆的新书刊。各类型图书馆都可以采取这种方式。作法是将新到馆的图书、杂志加以选择,并按照一定的系统陈列在书柜里,供读者参观浏览。

(2)新书通报

将新到馆的中外文图书资料按照类别、文别编排起来,印成书目,分发给有关的单位或读者参考。书目报道是宣传、揭示和通报馆藏书刊,为科学研究服务的重要方法。

(3)报刊资料索引

选择报刊上刊载的文章,将它们的篇名、作者、出处等著录下来,并按照一定的专题或类目编排起来,供读者查找报刊上的资料。报刊资料索引既是读者常用的工具,也是图书馆积累文献资料的手段。它的特点是著录简单,要求时间快。

(4)科技文摘

这是科技情报资料报道的主要形式。文摘是把某一学科或某一主题的重要文献,以简练的形式作成摘要。它能使科技工作者用较少的时间和精力,掌握有关的文献及其基本内容,了解本专业的发展水平和最新成就。所以文摘是研究人员不可缺少的重要工具。

（5）科技快报

根据实际需要,从文献资料中精选出有关的文章材料,加以编辑而成。科技快报的范围比较狭窄,大多数是供给领导或专业人员参考使用的。科技快报的特点是新、简、快。

（6）科技水平动态

这种报道形式与新闻相似,只报道科学技术的发展情况、消息,而不涉及具体内容。它主要是反映科学技术的现有水平和发展动向,为领导和计划部门制订规划,确定科研方向提供战略性情报。

以上各种报道形式,除新书展览、新书通报属于一次文献报道,其余均属于二次文献报道。新书展览和新书通报所收录的书刊资料应限于本馆的收藏。而报刊资料索引、科技文摘、科技快报、科技水平动态等所反映的文献资料,可不限于本馆的收藏,其他馆的有关资料,也可以收录进去。

2.马列主义经典著作的宣传

宣传马列主义经典著作是社会主义图书馆的一项重要任务。开展马列主义经典著作的宣传,要注意以下问题:

（1）重点要放在宣传马列主义经典作家的原著上。要采取多种方式,引导读者去阅读原著,领会原著的精神实质。

（2）宣传马列主义经典著作是一项严肃的战斗任务,要采取严谨的态度,力求完整、准确地宣传。图书馆要很好地了解马列主义经典著作的出版动态,掌握马列主义著作的出版物类型、特点和版本情况,注意推荐最准确的版本。图书馆向读者介绍某一经典著作的时代背景、历史意义等情况时,应重点介绍该书的序言、跋及各版的出版说明等。在解答读者提出的关于原著中所涉及的人物、事件及名词时,可向读者推荐有关的工具书或参考材料。最好多参考一些材料,做些分析比较,力求解答准确、可靠。

(3)宣传马列主义著作时,应注意宣传马列主义的立场、观点、方法,宣传辩证唯物主义和历史唯物主义的世界观。

宣传马列主义经典著作常用的方式有:新到马列主义经典著作的陈列,马列主义经典著作各种版本的展览,介绍某一本经典著作的报告会等。

3.科技书刊资料的宣传

加强科技书刊资料的宣传是提高全民族的科学文化水平的需要,是实现四个现代化的需要。

开展科技书刊的宣传,应做到广、快、精、准。

(1)"广"就是全面系统地为科研工作者提供所需要的书刊资料,包括:指导性文献、专业性资料及不同学派、不同观点的中、外文书刊资料。

(2)"快"就是要求提供最新的、最能反映国内外科学成就和发展水平的材料。

(3)"精"就是根据读者的要求,从大量的书刊资料中精选出读者最需要的材料。

(4)"准"就是要对准口径,解决问题。

科技书刊资料的宣传方式很多,如:专题展览、专题书目、专题报告会、文献检索工具使用方法的辅导报告等。其中专题展览对于宣传科技文献资料,配合学术性活动具有特别重要的作用。

4.文艺书籍的宣传

文艺书籍在读者的阅读中占有很大的比例,公共图书馆尤为突出,因此,积极地宣传文艺作品是图书馆的一项重要任务。

在开展文艺作品的宣传时,应注意下列问题:

(1)主动地向读者宣传优秀的文艺作品,特别是对青少年读者,应引导他们去阅读有益于身心健康成长的优秀的文艺书刊。

（2）在宣传文艺作品时,应辅导读者运用历史唯物主义的观点对作品进行鉴别和研究,提高读者的分析能力。特别是对古代的或外国的文艺作品,由于它们是一定历史条件下的产物,作者的世界观受时代和阶级的局限,其中精华与糟粕并存。因此,图书馆要引导读者正确地区分精华与糟粕,正确地分析作品的内容,把它们摆在它所产生的历史环境中去考察,分析它在那个时代的意义和价值,分析它对今天所产生的影响。

文艺书籍的宣传方式是多种多样的。例如,可采用故事会、朗诵会、报告会、宣传栏、读书座谈会、图书评论会等多种方式。实践证明,这些方式的宣传效果都是很好的。其中报告会和图书评论活动对于宣传文艺书刊,辅导读者正确地分析、理解文艺作品,尤有显著的作用。

三、阅读辅导工作

阅读辅导是有针对性地为读者服务的重要方法。做好这项工作,馆员必须了解读者需要的情况,并熟悉藏书,熟悉图书馆的各种目录、书目索引以及其他检索工具,充分利用自己所掌握的图书馆业务知识来辅导读者,解答读者提出的各种咨询问题。阅读辅导工作有下列一些内容:

1. 辅导读者利用图书馆

辅导读者利用图书馆是读者服务工作的一项重要任务。无论是新读者或老读者,对于图书馆的情况都有不够了解的地方,而馆员却比较熟悉图书馆的情况,所以图书馆员可以发挥自己在这方面的专长,去辅导读者。

辅导读者使用图书馆,可以达到下列目的:

（1）使读者了解图书馆的藏书情况及其使用方法、使用规则等。

（2）使读者获得利用图书馆各种书刊资料的知识和技能，了解各种书刊资料的特点以及它们的使用方法。

（3）学会利用图书馆的各种书目工具，掌握查找书刊资料的方法，并能根据自己的需要查找与选择书刊。

（4）培养读书能力和读书习惯。

辅导的内容包括下列各项：

（1）向读者介绍图书馆的作用，说明图书馆在为四个现代化服务和提高全民族的科学文化水平方面的重要作用，还可以向读者介绍各种类型的图书馆适用于哪些读者对象，能够解决什么问题，本地区内图书馆的分布和设置情况等。

（2）向读者介绍本馆的设置情况。例如，设有哪些借书处和阅览室，它们的性质和藏书特点是什么，如何利用各借书处和阅览室的藏书。

（3）介绍图书馆的借书方法和借书规则，包括：如何领取借书证或阅览证、开馆时间、借书册数、借书期限、借书手续、特种借书方法（如预约借书、馆际互借、文献复制方法及规则）等等。并向读者进行爱护图书，遵守借书规则，自觉地维护公共财物的宣传。

（4）介绍图书馆各种书刊资料的特点及其使用方法。如各种书籍、期刊、检索工具、缩微资料、视听资料的性质、特点、适用的范围以及它们的优缺点等，并对使用这些资料时应注意的事项给予具体的指导。

向读者介绍图书馆的使用方法大多采取集体辅导的方式，如举办讲座或报告会。也可以印发介绍图书馆情况和各类书刊资料使用方法的小册子或出黑板报。

2. 辅导读者使用图书馆目录

图书馆目录是揭示图书馆藏书的工具，是反映馆藏的总索引。读者要想查阅图书馆的藏书，首先要学会查目录，所以辅导读者查阅目录是一项经常的、重要的任务。

辅导读者查阅目录时,首先要向读者介绍本馆设有哪几种目录;书名目录、著者目录、分类目录、主题目录以及各种专题目录都起什么作用。其次,要介绍目录片上著录着哪些事项,其中要着重介绍索书号是怎么组成的,它对读者借书和图书馆组织藏书的重要作用。第三,要讲解目录的组织法,包括分类目录和字顺目录的组织原则和查找方法。为了使读者进一步掌握分类目录的组织法,必要时,可向读者介绍本馆所使用的图书分类法的分类体系、大类的类目、标记符号以及一些最基本的分类原则等。读者掌握了分类法的情况后,就可以按类求书,这对于读者有效地利用图书馆的藏书是很有帮助的。对于书名目录、著者目录,应告诉读者是按照字顺排列的,并辅导读者如何按照检字方法来查找某书的书名或某一著者的著作。

　　查目辅导可采取讲课形式,例如高等院校图书馆在新生入学时给学生讲一次课,介绍图书馆目录的使用方法。也可以在目录室设查目辅导员,随时辅导读者查找目录,帮助读者解决在查目过程中遇到的困难。图书馆员最好边介绍目录,边与读者一起利用目录查找图书,使读者通过实践迅速地掌握各种目录的使用方法。这是个别辅导读者查找目录的有效方式。

　　3.辅导读者利用各种参考工具书

　　工具书是广泛搜集某一方面或某一范围的知识材料,按照一定的方式加以编排,供解决疑难问题或提供资料线索的一种书籍。工具书的种类很多,如字典、词典、百科全书、年鉴、手册、书目、索引、历表、年表、图谱等。工具书是学习和工作中不可缺少的助手。例如遇到不认识的字或不明白的词,就要借助字典、词典。要了解国际国内时事资料或统计材料,就要查阅年鉴、手册。所以,学会利用工具书,可以有效地提高学习和工作的效率。图书馆辅导读者利用工具书时,可向读者介绍各种工具书的性质、特点、使用范围以及它的编排、查找方法等。也可以辅导读者在碰到问题时应当利用哪些检索工具书来解决问题。

辅导读者利用工具书,可采用集体辅导的方式,例如举办工具书讲座、工具书展览等,也可以在解答读者的口头咨询问题时,对读者进行个别辅导。

4. 辅导读者使用文摘、索引等二次文献资料

文献资料的大量增加,使得人们对文献资料的交流与报道的需要日益迫切。为了便于查找有关的文献,各种专业的快报、目录、文摘、索引等就适应社会的需要而产生了。快报、目录、文摘、索引等是在原始文献资料的基础上,根据客观需要,去粗取精而编辑成的二次文献资料。它们收录的文献资料较完整、类型齐全、专业面广、数量较多、报道速度快、正文编排清晰明确,既是向读者报道、通报文献资料的工具,也是图书情报部门开展咨询服务的不可缺少的工具。这些检索工具是科技人员掌握文献资料线索、查找文献资料的一把钥匙。掌握了这把钥匙,就能使科研人员用较短的时间,检索到大量的、有用的文献资料,就能迅速地、准确地查到与自己的研究课题有关的国内外的科学技术发展水平、概况以及今后的动向等文献资料的线索。所以辅导读者使用各种科技文献检索刊物或工具是图书馆一项十分重要的任务。为此,除了设置专门的文献检索工具阅览室,大量陈列、介绍、借阅这些二次文献资料外,还应经常地举办文献检索讲座,有系统地介绍各种检索工具的编辑特点、收录材料的范围、检索方法及其适用范围等。此外,在解答口头咨询问题时,个别地辅导科技工作者利用二次文献查找有关的书刊资料,也是常用的方法。

5. 阅读指导

对于一般的读者,特别是青少年读者,还需进一步做好阅读辅导工作。

阅读辅导包括读书内容的辅导和读书方法的辅导。读书内容的辅导主要是向读者推荐优秀的书刊,例如:优秀的政治读物、科

学普及读物、反映技术革新、技术革命以及最新的科学技术成就的书刊等。还要辅导读者正确地理解图书的内容实质，帮助读者从优秀的书刊中吸取有益的政治营养和科学、文化知识，从而提高读者的思想水平、业务水平和科学文化水平。

读书方法的辅导包括：根据读者的学习或工作的需要，帮助制订学习计划，引导读者有目的地阅读书刊资料，克服某些读者阅读中存在的盲目性或不良倾向；辅导读者记读书笔记或写读书心得等。

第四节　参考咨询工作

一、参考咨询工作的特征与范围

参考咨询工作是图书馆为科学研究服务的一项工作，是读者服务工作的重要组成部分。

图书馆的参考咨询工作，应当围绕文献资料进行。读者要求图书馆解答的问题，一般都是通过文献资料的提供使读者获得知识或情报。所以，参考咨询工作的实质是以文献为根据，通过个别解答的方式，有针对性地向读者提供具体的文献、文献知识或文献检索途径的一项服务工作。

担负着为科研服务任务的图书馆，一般都设立了参考咨询部门，并配备专门的参考咨询人员。参考咨询就其大的范围来说，包括两部分，即：书目工作和咨询工作。书目工作主要是根据科学研究的课题，收集、编制各种通报性和专题性的书目、索引、文摘、快报等检索工具，供读者参考。咨询工作，主要是以口头或书面形式解答读者提出的问题，咨询工作要利用书目的成果，书目工作也要适应咨询的需要。

广大读者在科学研究、学习、创作的过程中,往往会遇到许多疑难问题,要求图书馆提供文献资料帮助解决。读者的咨询问题多种多样,有的要求查找具体的书刊资料,有的要求解答具体的名词、术语、事实或查找某一数据等,有的要求了解情报动态,有的要求编译整理有关资料等等。这些咨询问题,按难易程度划分,一种属于一般性咨询,一种属于专门性咨询;按内容性质划分,一类是事实性或知识性咨询,一类是专题研究性或情报性咨询。有些事实性或知识性咨询,在书刊借阅流通过程中,可以及时进行口头解答;专题研究性或情报性咨询,则需要在咨询部门由专人负责解答。从某种意义上说,图书馆的咨询工作,就是通过文献检索来解答读者的问题。所以,咨询工作与文献检索工作,在图书馆是统一的,国外称它们为"同义复合语"。

二、咨询工作的程序与要求

答复咨询的过程,就是分析问题与解决问题的过程。咨询工作从接受咨询课题到了解情况,查找资料,直至解答问题,有一个完整的工作程序,各阶段又有不同的特点、方法与具体要求。

1. 接受咨询

读者在借阅过程中提出的咨询问题,有的比较简单具体,通过目录、索引、工具书等即可口头回答;有的问题比较复杂,需要记录下来,经过一定的书目文献工作才能解答。

研究单位或个人,在研究过程中提出的咨询问题,以及图书馆深入实际,主动了解的问题一般都是难度较大的专题性咨询。

必须指出,不是读者提出的所有问题都要解答、处理。有些问题图书馆可以拒绝答复。例如:①学生提出的学习中的习题或作业。②咨询问题的内容应由其他机关、单位办理的,如法律上的纠纷,疾病上的处方等。③所提的问题涉及党和国家的重大的政治、经济、军事等机密问题,而又无相当证件者。图书馆解答咨询的范围应当订出条例公布给读者。

接受咨询问题后,应建立咨询记录,把电话咨询、口头咨询变为书面咨询,使之作为工作的根据。

2. 调查研究

咨询解答过程中,只有对课题、读者和文献几方面调查清楚,了解具体,才能使问题的解决针对性强,才能有助于提高咨询工作的质量和服务水平。

关于咨询课题,馆员和读者需要共同了解它所属的学科范围及其相关的学科,它的基本内容及问题的关键所在,它在有关范围内所处的地位以及国内外进展情况,等等。

关于读者的情况,应了解从事这一课题研究人员的整体情况和个别情况。他们的人数,资历,业务水平,掌握哪种外语,他们的计划、要求,以及投入文献工作的力量安排。

此外还要了解读者已经掌握了哪些文献,用过哪些检索工具及其使用的效果等。经过详细的调查后,馆员即可根据课题范围,熟悉有关材料,翻阅参考工具,并向有关专业人员请教等等,为查找资料做好充分的准备。

3. 查找资料

在调查研究的基础上,确定资料的查找范围与检索标志,选定检索工具和参考工具,确定查找资料的途径与方法,然后寻找有关的文献资料。

按照课题要求,从大量的检索工具中先找出资料线索,然后再查找原始文献资料。同时,还要进一步查找原始文献资料的收藏地点和收藏单位,便于读者利用。

4. 答复咨询问题

经过一系列工作,为读者的咨询课题找到资料或资料线索后,即可答复咨询问题。

答复咨询的方式,依具体情况而定。根据咨询问题的性质、要求、读者的知识水平等不同情况,分别采用:直接提供答案,介绍参考工具书,提供书目资料或文献资料线索,提供原始书刊文献资料或提供资料复制品等等。

5.建立咨询档案

图书馆对于咨询课题,应当有选择地建立档案。凡是重大的、有长远意义的咨询课题,要建立完整的档案,包括各种原始记录,解答咨询的过程,最后结果。其中所收集的资料和文献线索,如果具有普遍意义,有推广的价值,应迅速编印成书目、索引、文摘、题录或文献汇编等进行通报,提供有关单位或个人参考利用。咨询档案既是一种总结经验,改进工作,探索规律的基本材料,又是一种有价值的参考工具。

随着科学技术的发展,图书馆的社会作用和情报职能的加强,参考咨询工作日益显得重要。参考咨询工作,要求咨询人员具有广博的学科知识,具备一定的图书馆学、目录学、情报学、文献学方面的修养,掌握一定的外语或古汉语,具备一定的文献检索知识和参考工作的能力。专科阅览室的管理人员,目录室的辅导员,也应具备以上几方面的基本要求。

第五节　文献检索

文献检索大致包括两个部分:一是检索系统的建立和检索工具的组织与积累;一是文献的查找,即根据具体课题的需要,利用书目、索引、文摘等检索工具,找出与课题有关的或对课题有用的文献。本节着重讲后一部分,即查找文献资料的工作,或称文献服务工作。

查找文献资料是科学研究的前期工作,是图书馆为四个现代化服务的重要方式。通过文献检索,可以使图书馆收藏的丰富的书刊资料得到充分的利用,大大节省读者查阅文献的时间。还可以通过各种检索工具,扩大读者的视野,使读者迅速获得所需要的国内外有关的文献资料。

文献检索经历了手工检索、半机械化检索(如穿孔卡片)和电子计算机检索几个发展阶段。随着科学技术的发展,电子计算机检索将逐渐代替手工检索。这里着重讲讲手工检索的问题。手工检索无论现在或将来都是计算机检索的基础。

一、文献检索的方式

1. 追溯法

即以文章末尾所附的参考文献为基础的检索方法。这种方法不必利用大量的检索工具,只利用原始文献后面所附的参考材料追踪查找,扩大检索范围,最后取得检索结果。它的优点是在没有检索工具或检索工具不全的情况下,也能获得一些所需要的文献资料。缺点是所得文献资料不够全面。

2. 常用法

即利用检索工具来检索科技文献的方法。因为这种方法是经常使用的,所以称为常用法。

3. 分段法(或称"循环法")

是前两种方法交替使用的一种综合检索方法。在检索文献资料时,既利用检索工具,又利用文献后面所附的参考材料进行追溯,两者分期分段地交替使用。这种检索方法适用于过去年代的文献资料较少的专题。其优点是当检索工具缺期或不全时,也能连续获得所需年限内的文献资料线索。

一般来说,检索工具比较齐全的科技图书、情报部门,多采取常用法来检索文献资料。其他两种方法对科技人员个人查阅文献资料则比较方便可行。

二、文献检索的过程和方法

文献检索是根据读者提出的课题,按照一定的步骤、方法和途径来查找文献资料。它的过程大体有下列几个步骤:

1. 分析研究课题

进行文献检索之前,首先要对读者提出的问题进行深入的分析。根据读者提出的要求,可归纳为三种类型:

(1)特定文献资料的检索

读者提出的要求是查找某一篇文章、某一著者的著作,某一个数据,或发表在某种期刊、某一时期的文献等。这类问题读者已知道具体的文献或线索,只要按照读者所提供的线索去查找,一般比较容易检索到有关的文献。

(2)特定主题的检索

读者要求提供某一主题的文献。这就要弄清楚读者所提主题的实质、内容和范围。还要明确读者对文献资料的要求,例如:文献的类型、文种的要求等。

(3)特定课题的检索

课题要比主题的内容广泛而复杂,它可能涉及到几个学科,包含一系列的专题。因此,对读者提出的特定课题要进行深入的分析研究,要掌握与课题有关的基本知识,弄清该课题的范围,它在分类体系中的地位以及读者所需资料的时间、范围、重点及深度等等。弄清这些问题对于选择检索途径和查找有关的文献资料都是有帮助的。

2. 选定检索工具

对课题进行分析后,明确了其所属的学科范围,就要进一步考虑利用哪些检索工具来查找与该课题有关的文献资料,从何处着手? 这在很大程度上取决于馆员对检索工具的熟练程度。一般讲,最好先利用综合性的检索工具,然后再利用专业性的。选择检

索工具时,要注意下列几点:

(1)编辑质量如何？包括编辑方针、目的、选题、收录文献资料的内容等;

(2)收录的文献资料全不全。

(3)报道的速度快不快。

(4)揭示文献资料的特征和内容是否正确,深度如何。

(5)提供的检索方法是否方便、多样。

3.确定检索途径和方法。

检索工具所提供的检索途径很多,其中包括内容途径、著者途径以及其他途径等。

(1)内容途径

是根据课题的内容进行检索的途径。内容途径又为分类途径和主题途径两种。

第一,分类途径。是按学科的分类体系来检索文献的途径。常用的工具有:图书分类目录、文献资料的分类索引等。分类途径便于从学科专业的角度来查找,易于满足族性检索的要求。

第二,主题途径。是从主题角度检索文献的途径。常用的工具是主题索引,或在主题索引的基础上发展起来的关键词索引、叙词索引或单元词索引等。主题途径适合于查找比较具体的课题,易于满足特性检索的要求。

(2)著者途径

是通过已知著者(包括个人著者和机关团体著者)的名称来检索文献的一种途径。主要的工具有:著者目录、著者索引、机关团体索引等。通过著者途径查找的文献资料往往不够全面,因此不宜作为查阅文献资料的主要检索途径。

(3)号码途径

它是通过已知的文献资料的专用号码(如:专利号、标准号、科技报告号以及合同号等)来查找文献的途径。主要是利用"号码索引"进行检索。这种索引一般是按缩写字母的字顺,加上号码字顺编排的。查找时,先按缩写字母的字顺查找,后按号码顺序查找。

（4）其他途径

如利用分子式索引、地名索引、动植物名称或药物名称索引等查找文献资料。这些索引都是为某些专业或学科所特用的,所以是一种辅助性的检索途径。

检索途径选定以后,应准确地找出检索标志。如果采用分类途径检索,应明确属于什么类目以及它的分类号码是什么。如果采用主题途径检索,则应根据该课题的内容,确定主题词的名称。然后就可以使用有关的索引来检索文献资料了。

4. 检索结果的处理

通过各种检索途径获得了所需要的文献资料后,还要将文献资料的线索加以整理,并用一定的方式（如口头回答或编成书目等）提供给读者。

为了进一步满足读者的要求,最好能找到原始文献的收藏单位及其索书号,以便采用外借、阅览或复制等方法,直接将原始文献提供给读者。

参考书目

1.《读者工作》（讲义）　北大、武大、文化学院合编　1961 年 9 月

2.《图书管理学》（第三分册）　武大图书馆学系编　1973 年

3.《国外科技文献资料的检索》第四章　科学技术文献出版社出版　1977 年

4.《咨询工作分析》　赵世良　《图书馆工作》　1979 年第 5 期

第八章 图书馆业务辅导工作

第一节 业务辅导工作的意义与任务

一、业务辅导工作的意义和作用

图书馆业务辅导工作,也称方法研究工作。它指的是:在一个地区或一个系统内,大型馆或中心馆对本地区、本系统的中小型图书馆,在方针任务的贯彻和业务技术方法方面进行指导和帮助;并采取各种形式,组织各馆相互学习,交流经验,研讨业务问题,以促进图书馆事业的发展、巩固和提高。

省、市、自治区图书馆是纵横连接、上下贯通的枢纽,处于业务交流的中心地位。它应在图书馆工作、图书馆事业建设和图书馆学研究方面,起示范、推动、帮助和组织的作用。这一作用的发挥,主要是依靠业务辅导工作来实现的。

早在建国初期,北京图书馆和省、市、自治区图书馆,就建立了方法研究部、辅导部或研究辅导部等机构,专门从事业务辅导工作。对我国图书馆事业的发展,起到了积极的作用。建国以来,我国图书馆事业有很大发展,新建了各种类型图书馆。这些图书馆的大部分工作人员都没有经过专业训练,他们对于如何根据本地区、本系统的具体情况来贯彻落实图书馆方针任务,对于图书知识体系和分类方法、图书资源的利用、图书馆工作组织、图书馆技术现代化都缺乏基本的知识。因此,迫切需要通过业务辅导工作,帮助新建的各种类型图书馆建立起正常的工作秩序和工作制度,提高这些图书馆工作人员的业务水平和工作能力,促进图书馆事业的发展。从这个意义上来说,业务辅导工作是培养图书馆专门人才、推动图书馆事业发展的一项重要工作。

开展业务辅导工作,必然要与辅导对象加强联系,以便掌握本地区图书馆工作的动态。但是,业务辅导工作不能停留在业务联系的水平上。要在掌握本地区图书馆工作动态的基础上,对所占有的资料进行综合分析,开展业务研究,从中找出规律性的东西,以指导和推动图书馆工作。因此,业务辅导工作不光是行政事务工作,而且是一项业务性很强的工作。业务辅导工作的开展,可以促进图书馆学的理论研究,进一步丰富图书馆学的内容,发展图书馆学。

在我国,图书馆事业是一个整体。各地区、各系统图书馆之间,不是彼此孤立的,而要逐步建成一个全国统一的图书馆网。这个建设图书馆网的工作,主要是由省、市、自治区图书馆研究辅导部承担的。所以业务辅导工作又是图书馆事业组织工作的重要组成部分,能够促进图书馆组织的网络化。

二、业务辅导工作的任务

业务辅导工作是图书馆工作的重要组成部分,也是社会主义图书馆事业的特征之一。我国是以生产资料社会主义公有制为基础的国家。在这种制度下建立起来的各种类型图书馆,都是人民的财富,其根本目标都是一致的。馆与馆之间相互支援,紧密联系,为开展业务辅导工作提供了有利的条件。建国以来,党和国家对业务辅导工作在发展社会主义图书馆事业中所起的作用是非常重视的。早在一九五五年,中央文化部《关于加强与改进公共图书馆工作的指示》中,就把业务辅导工作规定为图书馆的主要任务之一。一九五六年,在全国图书馆工作会议上再次指出业务辅导工作是图书馆的一项主要任务。一九五八年,全国省、市、自治区图书馆工作会议又明确要求省、市图书馆辅导基层馆,并组成图书馆业务辅导网。近几年来,在各省、市、自治区召开的图书馆工作会议上,都要求省、市级图书馆加强业务辅导工作,有计划、有步骤地组织图书馆网。

根据历次图书馆工作会议的精神和当前我国图书馆事业的实际情况,业务辅导工作的任务是:

1. 协助有关领导部门制定本地区、本系统图书馆事业发展规划,有计划地发展各种类型图书馆,组建为科学研究和广大群众服务的图书馆网。

2. 对本地区、本系统图书馆进行业务辅导,总结、交流图书馆工作经验,促进图书馆事业的发展。

3. 搜集、整理并保管图书馆学专业书刊资料,办理图书馆学会的日常性工作,组织并推动图书馆业务研究,发展图书馆学。

4. 培训图书馆在职干部。

第二节　业务辅导工作的组织

一、业务辅导网的组织

开展业务辅导工作,主要在于正确的组织。各省、市、自治区应以公共图书馆为中心,建立一个上下贯通的业务辅导网。业务辅导网的组织形式大体上有三种:

1. 分系统辅导,按专业分工

我国图书馆业务辅导网,首先是按系统建立的。在同一系统内,采取层层辅导的原则。例如在公共系统图书馆内,各省、市、自治区图书馆在业务上辅导本地区的市、县馆；市、县馆辅导所在地区的基层图书馆（室）。这样就形成了一个上下贯通、分级辅导的公共系统图书馆业务辅导网。

在同一地区内，可以按各馆的专业性质，分系统进行辅导。各级公共图书馆不但是本系统的业务辅导中心，而且要协助其他专业系统，如工业系统、医药系统、学校系统、工会系统等，建立起各自的辅导网，并按系统开展业务辅导工作。

2. 分层辅导，分片包干

在一省或一市（县）范围内，除贯彻执行层层辅导的原则外，还可将本地区各类型图书馆分成若干个辅导片。在每个片内，指定地点适中、基础较好、干部力量较强的图书馆为核心馆，负责本片内同级的各馆的业务辅导工作。省、市、自治区图书馆或市、县图书馆只直接辅导各核心馆。此种方式较多地用于市、县图书馆对基层图书馆（室）的业务辅导。但有的省、市馆也采用这种办法，以省、市内各专区（区）为单位，划分为若干个辅导区，并以专区所在地的市馆为核心馆，通过核心馆辅导其它系统的图书馆。

3. 分专业与分片相结合

根据实际需要，在一个省、市的范围内，可把前两种方法结合起来使用。在各类型图书馆较集中的大城市，采用按专业分工，分系统辅导；在基层馆较多，分布面较广的市、县中，采用分层分片辅导的办法。在某些大城市还把二者交叉并用，各级公共图书馆仍在其中起核心作用。

综观上述三种形式，第一种既发挥了各系统图书馆的积极性，密切了各系统图书馆之间的关系，也解决了公共图书馆辅导其它专业图书馆时可能遇到的实际困难。第二种可以避免一馆负担过重的现象，又使各系统、各级图书馆都能得到业务上的辅导，克服了过去因公共图书馆力量不足而造成的空白点。第三种集中了前两种的优点，加强了各系统、各级图书馆之间的联系，从而使业务辅导工作的质量不断提高。

业务辅导网的各种组织形式,都是在开展业务辅导工作的过程中摸索出来的。它有利于开展大面积辅导,使业务辅导工作经常化、制度化。作为省、市、自治区一级的大型公共图书馆,对本地区图书馆事业建设担负着重要的责任,应该利用业务辅导网的各种组织形式,把本地区图书馆事业和图书馆工作推向前进。

二、业务研究的组织

为了不断提高业务辅导工作的水平,还必须认真地开展业务研究。业务辅导与业务研究是相互依存,不可分割的。业务辅导工作的实践是开展业务研究工作的源泉,它不断地给研究工作提供迫切需要解决的研究课题;而业务研究工作的深入进行,将新的研究成果及时运用到业务辅导工作中去,又能促进整个图书馆工作水平的提高。

图书馆业务研究,这是我国图书馆学研究的重要方面。不断总结我们自己的实践经验,不断提高我国图书馆工作的现有水平和服务质量,这是开展图书馆业务研究工作的出发点。

业务研究工作能否在图书馆里经常地开展起来,在于组织和推动。在这方面,国家图书馆,省、市、自治区图书馆以及各系统中心图书馆承担着重要的任务。它们应该成为全国的、本地区的、本系统的业务研究与交流的中心。

开展业务研究要充分发挥图书馆学会的作用。学会是个学术性的群众团体,这就要注意学术性和群众性。要把学术空气搞得浓浓的,促进和推动图书馆学和图书馆业务技术的研究,要充分调动图书馆学专家和有经验的图书馆工作者的积极性,扎扎实实地研究问题。在组织、推动图书馆学和图书馆业务技术研究,实现图书馆技术现代化方面,多做工作,多出成果。

当代图书馆工作的特点是:一方面,图书馆工作与情报工作,文献工作的相互渗透、相互交叉的趋势十分明显；另一方面，图书馆工作与自然科学，特别是与应用技术的关系日益密切，现代科学技术的高度发展，促使图书馆产生一系列新的工作方式与服务手段。所以在研究工作中，应该从现代图书馆工作的特点出发，根据新时期的总任务和图书馆工作所面临的各种新问题来确定研究课题。

在确定研究课题时，理论研究应该是图书馆研究工作中的重要内容，它对于图书馆坚持正确的政治方向、促进各项工作的深入进行和繁荣我国的图书馆事业有很重要的意义。图书馆的理论研究，大体上有两类：一类是基础理论的研究，如各类型图书馆的方针、任务、读者对象、图书馆网、图书馆事业、干部培养、图书馆的发展趋势等。另一类是应用理论的研究，如图书采购与协调、图书分类与编目、文献资料的检索与利用、图书馆建筑与设备、电子计算机的应用等。这两个方面的研究都应该加以重视。

在确定研究课题时，应该处理好当前需要与长远需要的关系。一般地说，应该以当前的需要为主，兼顾长远的需要。同时，还要处理好分工与协作的关系。有些研究项目，可以采取大协作的方式来进行；有些研究项目，可以采取分头研究的方式来进行。总之，各省、市、自治区图书馆学会要从全局出发，结合本地区、本单位的实际情况来制定具体的研究计划与进行的办法。

广泛地开展学术交流活动，这是促进研究工作深入进行的一种好形式。要提倡图书馆与图书馆之间、图书馆与图书馆学系之间、图书馆界与情报所、科技界之间，开展经常性的学术交流活动，经常举办一些学术讨论会、报告会、专题业务讲座等。各地图书馆学会应该把开展学术交流活动作为一项重要的工作抓紧抓好。为了保障学会学术活动的顺利开展，各学会常务理事会下可设立相应的专门研究组，并组织会员根据自己的专长、爱好、兴趣分别参加其中一个小组，做到互相切磋，取长补短，共同进步，以利于进一步发展图书馆学研究。

要搞好研究工作,必须调动广大图书馆工作者、图书馆学研究和教育工作者以及图书馆事业管理工作者的积极性。在我国各图书馆里,有许多学有专长和具有丰富实际工作经验的老馆员,要在工作安排上、时间上为他们创造条件,支持和鼓励他们参加研究工作,写出论文或专著,为发展我国的图书馆学作贡献。对于有发展前途的青年,更应该重点加以培养,放手让他们积极地参加业务研究活动。为了保证研究工作的顺利进行,省、市以上大型图书馆,还应该建立研究机构(如研究室、研究小组)。如果没有研究机构,往往会使研究工作流于形式或不能持久地进行下去。研究机构的成员应由事业心强、具有一定研究能力和较丰富实践经验的同志组成。

第三节　业务辅导工作的内容和方法

一、业务辅导工作的内容

如前所述,业务辅导工作是我国图书馆事业组织工作的重要组成部分。所以它的工作面宽、范围广、内容涉及到各个方面。根据我国省市级大型公共图书馆开展业务辅导工作的实践,我们认为从整体上看,业务辅导工作的内容主要有三个方面:

1. 调查研究

要搞好业务辅导工作,辅导工作人员必须深入到图书馆工作第一线,认真做调查研究,掌握被辅导馆的全面情况和第一手资料。只有这样,才能对本地区图书馆工作情况做到胸中有数,以便进行切合实际的辅导。因此,调查研究是业务辅导工作的起点,是开展辅导工作的依据。对被辅导馆情况掌握的深度,是衡量一个馆业务辅导工作好坏的重要标志。

为了切实做好调查研究工作,辅导工作人员应注意两点:第一,调查研究必须深入。如果我们不对情况作深入的调查,仅凭一些道听途说、统计报表,我们就不能了解全面的、真实的情况。有些省、市馆研究辅导部对本省范围内的市、县馆和基层馆,采取普遍摸底、重点深入的做法,全面地、准确地掌握了全省、全市图书馆事业的情况,这种深入细致的工作作风是值得提倡的。第二,调查研究必须贯穿于业务辅导工作的全过程。调查研究是一项经常性的工作,辅导人员应该经常了解被辅导馆的情况。因为情况是在不断的变化,新情况、新问题、新经验总是不断地出现。不能认为调查研究抓一阵子就一劳永逸了,那种"上面呆半年,下去三两天",是无论如何也做不好业务辅导工作的。

2. 交流经验

抓好典型,突破一点,取得经验,然后利用这种经验去指导其它单位。这是图书馆开展业务辅导工作的重要方法。一个省、市、自治区图书馆的辅导对象成千上万,而辅导工作人员又较少,如果东抓一把,西抓一把,工作是难以深入的。必须培养典型,不断交流、推广先进经验,才能以点带面地推动本地区、本系统图书馆事业的发展。

要抓好典型,就必须深入实际,在全面了解情况的基础上,发现问题,提出问题;又带着问题深入下去,解剖一两只麻雀,使典型经验具有普遍的指导意义。只有推广这样的经验,才能起到带动全局的作用。

在推广典型经验时,省市级大型图书馆应该抓好被辅导馆的总结提高工作。一方面要帮助他们根据自己的实际情况,学习和吸收别人的先进经验,使先进典型真正发挥指导一般、推动全局的作用;另一方面要帮助先进典型运用一分为二的观点,找出自己工作中的差距,继续前进,使先进典型不断做出新贡献。

185

3. 培训干部

图书馆工作人员在整个图书馆事业中占有重要的地位。图书馆方针任务的贯彻落实,图书馆作用的充分发挥,都必须依靠图书馆工作者的辛勤劳动。他们的政治和业务水平直接影响着图书馆工作的质量。因此,培训在职干部是业务辅导工作的重要任务,也是促进图书馆事业发展的重要环节。

二、业务辅导的工作方法

1. 重点辅导

在本地区或本系统内,选择一两个图书馆作为重点,进行重点辅导。通过重点辅导,摸索出一套具有普遍指导意义的经验,以便进行大面积辅导。

对于那些工作基础较差或存在问题较多的图书馆,也可以采用重点辅导的方式,促使它们迎头赶上。

在重点辅导中,要特别注意防止包办代替的做法。辅导工作人员只能起帮助和示范作用,一切工作的进行应以被辅导馆为主,使他们在实际工作中提高独立工作能力。这在帮助新建馆时尤为重要。

2. 巡回辅导

采取这种辅导方式,要有明确的目的性。去哪些图书馆,主要解决哪些问题,在事前应当有充分的准备,并做好工作计划。要注意薄弱环节,给予它们更多的帮助。对边远地区或少数民族地区图书馆,应加强巡回辅导,以便发现问题,及时帮助解决。

在实际工作中,巡回辅导可以与重点辅导结合起来进行,以便解决大面积辅导的问题。在突破一点、交流推广之后,各馆学到了某些经验,但不深入系统,需要及时予以巡回辅导,使其巩固提高。在巡回辅导过程中,还可以发现典型,再行推广,带动全面。如此循环往复,可使辅导工作的质量不断提高。

3. 现场会议

选择工作较好的图书馆召开现场会议,是推广先进经验、开展大面积辅导的好办法。参加现场会的图书馆代表,不仅能听到先进馆的经验介绍,还可以通过参观、讨论,使理论与实践结合起来,了解比较透彻,对各馆会有更大的帮助。

4. 书面辅导

这是将那些具有普遍指导意义的经验,编印成定期或不定期刊物,分发给本地区、本系统图书馆,供学习参考。

编印业务参考资料要有针对性,做到有的放矢。还应注意材料的来源和它的真实性,对于典型经验的报道,要有事实,有分析,言简意明,具体实在;反对浮夸,说假话、空话、大话。每篇典型经验,都应是对实际工作的科学概括,能对实际工作起指导作用。

5. 解答业务咨询

这也是业务辅导工作常用的方法。各被辅导馆把他们在工作中遇到的问题,向辅导馆提出口头或书面的询问,由业务辅导人员予以解答。

业务辅导工作的对象是本地区、本系统所属的图书馆。由于各馆的性质、任务、工作条件的不同,因而对各馆的辅导,也不能是完全一样的。必须依据各馆的具体情况,采取不同的方法,给予不同的辅导。首先应抓住重点,培养典型,取得经验后,再召开现场会或举办短训班,推广典型经验;再组织力量,广泛开展巡回的辅导,以避免回生现象;然后在此基础上,再抓重点,再集中,再巡回。这样有目的地反复进行,就可以使业务辅导工作逐步深入,不断提高。

参考书目

1. 《图书馆学概论》(初稿)　北京大学图书馆学系编　1978年2月
2. 《谈当前我省市、县、旗图书馆的工作》　姜鹤岩　金恩晖　《吉林省图书馆学会会刊》　1979年第1期
3. 《图书馆应该重视研究工作》　俞君立　《图书馆工作》　1979年第1期
4. 《公共图书馆的业务辅导工作》　关懿娴　《图书馆学通讯》　1959年第12期

第九章　图书馆科学管理

第一节　图书馆科学管理的意义和特点

一、图书馆科学管理的含义和内容

1. 什么是图书馆的科学管理

图书馆的科学管理,是指图书馆工作和图书馆事业达到计划性、合理化、规格化的要求,并具有先进水平的一种组织活动。因此,计划性、合理化、规格化和先进水平,是衡量图书馆科学管理的标尺。

图书馆的科学管理知识是图书馆发展规律的反映,也是在图书馆实践中长期积累的历史经验的概括和总结。古代的图书馆——藏书楼只是保存文化典籍,当时的所谓管理,仅限于藏书的整理和保管。在此基础上形成起来的是各种专门的技术,如编目、典藏等。到了近代图书馆,其特点是面向社会和公众,图书馆的藏书不仅仅是为了保存,更重要的是为了提供读者利用,因而,它与社会发生直接的关系。这就需要有专门的组织和管理工作,以协调图书馆与读者之间以及图书馆内部各项工作之间的关系。随着图书馆事业的发展、图书馆网的建设和现代技术的采用,就更需要科学的组织和管理工作,以解决社会对图书馆提出的各种复杂的问题。将组织和管理工作的实践经验,给予理论上的概括,就是各种管理知识。由此可见,图书馆科学管理的理论来源于实践,并且是在实践中不断丰富和完善起来的。

2. 科学管理的基本内容

图书馆科学管理的内容,概括地说有三个方面:(1)图书馆科学管理的范围,包括图书馆工作组织和图书馆事业组织。(2)图书馆科学管理工作可划分为:行政管理、业务管理、设备管理、干部管理等等。(3)图书馆管理工作的内容,包括计划、组织管理、规章制度、统计、标准化以及分工协调等。

二、图书馆科学管理的必要性

实行科学管理这是图书馆工作和图书馆事业发展所提出的客观要求。科学管理的必要性是由以下条件所决定的:

1. 是由于图书馆工作和图书馆事业的整体性以及发展图书馆事业的全国规模的需要。图书馆的各个部门、各个环节、各个工序之间有着密切的联系。必须有科学的管理,才能使各部门、各环节、各工序之间密切地协作和协调,保证有条不紊地开展图书馆的各项工作。

同样,图书馆事业也具有它的整体性。随着人类社会的进步和科学文化的发展,图书馆的数量不断增多、类型不断增加,同读者的联系面更加广泛。这说明图书馆已不是孤立的单个的存在,而是一个有机的整体。因此,需要通过科学管理密切图书馆与图书馆之间,图书馆与读者之间的联系。

图书馆事业是由各种不同类型的图书馆组成的。要使图书馆事业具有宏大的全国规模,让它普及到每一个城镇、乡村,就必须加强对整个图书馆事业的科学管理,才能使图书馆事业做到布局合理,互相协调,有计划的发展。

2. 由于科技文献的剧增,要求图书馆对数量庞大、内容复杂的文献资料进行准确的挑选和科学的整理,以便及时地传递到科研人员的手中。要达到这一目的,必须实行科学的管理,将图书馆的各项工作科学地组织起来,并采用先进的技术和设备,才能完成这一任务。没有科学管理工作,对于浩如烟海的文献资料的搜集、整理和利用是不可能的。

3. 提高科学管理水平是实现我国图书馆现代化的重要条件。根据我国地域辽阔、人口众多的特点,要建立起拥有先进的技术和设备、能够迅速准确地将文献资料传递到科研人员手中的现代化图书馆网,就必须加强对图书馆事业的科学管理。不实行科学管理,不提高管理水平,即使有了先进的技术和设备,也不能充分发挥作用。所以现代化图书馆网的建设,不仅取决于现代化的技术和设备,而且也取决于科学管理的水平。

为了实现我国图书馆事业的现代化,还应从管理体制、管理制度和管理方法等方面实现科学管理,才能适应为四个现代化服务的需要。

综上所述,为了促进我国图书馆事业的发展,加快图书馆网的建设和实现我国图书馆的现代化,就必须对图书馆工作和图书馆事业实行科学管理。

三、科学管理的基本原则

对社会主义图书馆工作和图书馆事业的科学管理,应遵循以下原则:

1. 实行集中统一的管理。这是社会主义图书馆事业科学管理的重要原则之一,也是列宁关于社会主义图书馆事业建设的一个重要思想。

集中统一包括两方面的内容。一是图书馆事业建设要实行集中的管理,以便协调全国各系统、各地区、各类型图书馆的工作,有目的地规划全国图书馆事业的发展,组织全国性的图书馆网和现代化检索网络。这种集中管理不是束缚各系统、各地区的手脚,而是要使各系统、各地区的积极性得到更好的发挥。二是指图书馆技术工作的集中统一管理，即实行图书馆技术工作的规格化、标准化。包括统一分类、统一著录条例，设备的规格化等等。

2. 民主管理是社会主义图书馆科学管理的又一重要原则。所谓民主管理，就是吸收图书馆员和读者群众参加图书馆的管理工作，发挥图书馆主人翁的作用。广大馆员参加图书馆的科学管理有助于克服官僚主义和形式主义，有助于图书馆和读者的联系。

3. 计划管理也是社会主义图书馆科学管理的重要原则。计划管理是根据社会主义经济有计划、按比例发展的客观规律，使图书馆工作和图书馆事业的发展服从这一规律。

社会主义图书馆事业是受经济基础制约的。图书馆事业的发展既不能超越于经济基础所提供的条件，又不能长期落后于经济发展的实际水平。这就更需要加强对图书馆事业的计划管理。

实行计划管理也是图书馆事业发展的客观要求。图书馆工作的开展和图书馆事业的建设，必须按照一定的计划进行。缺乏计划就无法开展图书馆工作和进行图书馆事业建设。

4. 注重经济效果。这应该成为社会主义图书馆科学管理的一条重要原则。注重经济效果，就是研究如何最合理地使用人力和经费，最充分地发挥图书馆各种设备的能力，建立最优化的情报资料的收藏系统和服务系统以及与之相适应的各种科学的规章制度和条例。力求用最少的经费补充读者最需要、最有科学价值的书刊资料，用最经济的劳动加工整理各种资料，用最省的时间为读者提供各种资料，并使图书馆的各种设备最大限度地发挥作用，从而保证图书馆各种活动的最大效能。这也应该是科学管理所追求的目标。人力、物力、财力和时间的浪费，无效的劳动等，都是与科学管理的原则不相容的。现在应该特别强调重视经济效果的问题，使其成为图书馆科学管理中应该遵循的一项基本原则。

5. 建立责任制也是社会主义图书馆科学管理的重要原则之

一。

　　责任制管理原则的提出,是由于图书馆同社会联系的扩大和图书馆社会职能的加强。图书馆的服务活动对读者发生直接的影响。因此,就要求图书馆的服务工作要有一定的责任制,同时,由于现代图书馆社会职能的加强,图书馆内部工作越来越复杂,分工越来越细密,因而各个工作环节之间的联系和依赖性也越来越大。因此,必须加强各个工作部门和环节之间的责任制,才能保证图书馆工作的顺利进行。

四、现代化图书馆科学管理的主要特点

　　1. 规格化是现代图书馆科学管理的重要特点。没有规格化,就无所谓科学管理。科学管理的规格化主要包括管理规章条例化和业务工作标准化。管理的规章条例化,就是建立和健全图书馆的各种规章条例。业务标准化,就是对图书馆事业的发展和图书馆的业务活动实行统一的原则或规范。规章条例是科学管理的依据和准绳,业务标准化是科学管理的重要手段。它们是现代图书馆科学管理的重要标志,也是构成现代图书馆科学管理的一个显著特点。

　　2. 计量化的管理是现代图书馆科学管理的又一重要特点。所谓计量化的管理,就是用具体数字精确地说明和反映图书馆的工作情况和图书馆事业的发展,发挥数学方法在管理工作中的作用。注重数字,实行精确的计量正是科学管理所要求的。由于数字能够在人们头脑中形成具体而深刻的印象,并且又往往能够准确地揭示问题之所在,因此,实行计量化的管理,越来越成为现代图书馆科学管理的一个重要特点。

　　3. 图书馆工作的机械化和自动化是现代图书馆科学管理的又一重要特点。现代科学技术的发展为图书馆实现机械化和自动化的管理提供了物质和技术条件。现代图书馆已能超越空间和语言

的界限,使知识的传递达到最快的速度和最广泛的范围。这一奇迹的出现,就因为电子计算机、卫星通讯等最新技术和设备在图书馆得到了运用。目前,在国外一些图书馆管理的机械化和自动化已成为客观现实。这是现代图书馆科学管理的显著特点之一。

第二节　管理体制

一、制定和颁布图书馆法规

制定和颁布图书馆法规,以保证图书馆事业的发展和完善,在我国已开始提到日程上来了。早在十九世纪下半期,世界上许多国家都先后采取立法手段来发展国家的图书馆事业。本世纪初期,根据建立图书馆网和社会对图书馆活动要求的复杂化,一些国家又重新通过了新的图书馆法规。近来图书馆立法的国家越来越多。事实证明,一些国家图书馆法的实施起到了积极的作用。

图书馆法从实施的范围可分为总的、各系统的(如公共图书馆法)和某一个馆的(主要是国家图书馆或国会图书馆)等几种类型。

图书馆法规的制定和实施体现了国家对图书馆事业的政策。这从它的内容上可以反映出来。许多国家所颁布的图书馆法,一般都包括有:国家关于建设图书馆事业的原则、图书馆的职能及其活动的性质、图书馆服务的形式、图书馆的藏书和经费来源、图书馆委员会的性质及作用、图书馆事业的领导和管理系统及其任务等等。由于法律所具有的严肃性,一个国家图书馆法的实施,就能够使图书馆事业的地位和发展得到法律保证,因而成为国家发展图书馆事业的重要措施之一。

并且,图书馆法规的颁布和实施也是国家发展图书馆服务,以保证人民充分享有的文化教育权利的一个体现。社会主义制度应该有更优越的条件做到以图书馆立法来促进人民群众享有利用图书馆的权利和发展我国的图书馆事业。事实上,图书馆事业越发达,图书馆服务越充分,就越是读者享用除图书馆权利的扩大和充实。

二、建立全国图书馆事业的管理系统

管理体制的建立和健全是实现科学管理的前提条件。社会主义图书馆事业的集中统一管理的原则,尤其需要建立和健全全国的管理体制。

(1)由于我国图书馆事业存在着几个系统,而它们之间又缺少广泛的联系和协作,形成了分散多头、现有力量难于统一调动的状况。为了改变这种状况,就需要建立一个统管全国图书馆事业的领导部门。

(2)要使图书馆事业适应我国地大人多的特点,改变目前物质技术基础较差、发展又不够平衡的状况,就需要有一个政府部门或机构能够从全国着眼,作出全面规划、合理布局、统筹安排图书馆事业的发展。

(3)建立全国统一的图书馆网和实现图书馆的现代化,将在我国图书馆战线上经历一场深刻的变革。这场变革过程的组织工作将是十分复杂而艰难的。需要一个拥有政府权力的部门或机构,来作出具体规划和进行艰巨的组织工作。

最近,中央决定在文化部下设立图书馆事业管理局。它的任务是直接管理全国公共图书馆,同时组织各系统图书馆工作之间的协调,统筹图书馆教育、科研和有关的国际活动。同时,在各省、市、自治区也建立相应的部门或机构,以使这一管理系统上下呼应。

国家图书馆是一个国家图书馆事业的中心。它对全国图书馆事业的发展起着很大的推动作用。根据我国的具体情况,北京图书馆应成为我国各系统、各类型图书馆开展各种协作和协调活动的组织者。在建设全国性的图书馆网中,应发挥中心作用。

各省、市、自治区中心图书馆和各系统中心图书馆也应成为本地区、本系统图书馆之间的协作、协调活动的具体组织者。

总之,建立和健全我国图书馆事业的管理体制,形成一个从上到下、脉络贯通的全国管理系统,将给我国图书馆事业的发展带来新的局面。

三、馆长负责制

馆长负责制是行之有效的图书馆管理体制。进一步健全和完善这种管理体制将有利于加强党对图书馆的领导和明确馆长的职责,并能充分发挥群众参加管理工作的积极性。因为这种管理体制正确地解决了党组织、馆长和群众参加管理工作三者之间的任务和关系。

1. 党组织的领导作用

坚持党对图书馆的领导是一项基本原则。党的领导作用是通过贯彻执行党的路线、方针和有关政策并发挥党组织思想政治工作的保证作用和共产党员的先锋模范作用而体现出来的。

在新的时期,必须坚持和改善党对图书馆的领导,以保证图书馆在四化建设中的作用得到充分发挥。

2. 馆长的职责和应具备的条件

实行馆长负责制,就是要明确馆长在行政领导和业务管理中的职权和责任,做到使馆长有职有权。

馆长的职责范围是:(1)执行党的决定,并根据党在各个时期的任务以及上级主管部门的有关指示来组织和领导图书馆的各项工作。(2)决定图书馆业务和行政管理工作中的重要问题。(3)采取各种改进管理工作的措施。(4)对业务人员的任用以及业务进修的组织和安排。（5）向上级主管部门请示和汇报工作。（6）向馆员大会或馆员代表大会等报告工作。（7）处理对外事务；等等。

图书馆馆长既然行使组织管理工作的职权，也应当承担管理工作的各种责任。为此，就要求馆长应该具备与他的职责相适应的能力和条件。

馆长应具备的条件是：

（1）热爱党，坚持社会主义方向，努力学习马列主义、毛泽东思想，具有一定的理论修养。（2）有很强的事业心和高度的责任心，刻苦钻研业务，使自己具有较高的学术、文化水平，在业务上应是内行或专家。（3）具有一定的组织工作的能力和掌握科学的组织管理方法。（4）密切联系群众，善于调查研究，具有实事求是的精神和作风，等等。以上这些既是图书馆馆长应该具备的条件，也是馆长应有的基本素养。

3.建立图书馆民主管理组织，发挥其作用

根据社会主义图书馆实行民主管理的原则，图书馆可以建立在党领导下的、有馆长、各部门主要负责人和馆员代表参加的民主管理组织，充分发挥广大馆员群众在图书馆管理工作中的作用。

民主管理组织以促进图书馆的科学管理工作为其活动的目的。它在图书馆管理中起参谋作用。其任务是：（1）对图书馆工作提出合理化建议和改进意见。（2）督促工作计划的执行并作出评价。（3）对专业人员的安排和使用提出建议。（4）对领导干部的工作进行监督检查等等

图书馆馆长应该虚心听取民主管理组织的意见和建议，充分尊重馆员民主管理的权利，运用群众的智慧，集思广益，做好科学管理工作。

一个图书馆的管理体制是否健全和完善，应该从管理组织、管理干部和馆员群众几个方面来衡量，看各方面的作用是否能够得

到发挥,是否能将几个方面的积极性有效地结合起来,从而提高管理的效能。图书馆实行党统一领导下的馆长分工负责和民主管理组织相结合的管理体制是一种比较健全的管理体制。

第三节　工作组织

一、图书馆的机构及其职能

1.图书馆的机构

图书馆机构的设置是图书馆工作组织的重要一环。机构的设置不合理会影响图书馆工作的开展。因此对图书馆机构的设置必须认真研究,慎重从事。

图书馆的机构可分为领导机构、行政机构和业务机构。一般大中型图书馆都设有上述三种机构。

(1)图书馆的领导机构有党组织和正副馆长办公室。负责全馆各方面的组织领导工作。

(2)图书馆的行政机构包括行政和财务、后勤等具体办事部门。

(3)图书馆的业务机构包括业务办公室和从事具体业务工作的部门。

2.设置业务部门的依据

由于图书馆的类型不同,在业务机构的设置上也就有所不同。一般来说,设置图书馆的业务机构有如下依据:

(1)依据图书馆的工作程序,如采购、分编、流通、典藏等。这是最主要的依据,为目前大多数图书馆所采用。

(2)依据图书馆的性质和类型。不同类型的图书馆有着不同的任务,要完成特定的任务就要有相应的业务部门。

（3）根据文献的类别和语种。在一些大图书馆,往往依据文献本身的特点来设立业务部门,如古籍善本部门、特藏部门等。

（4）依据读者对象。如在公共图书馆专设儿童服务部门。

3. 主要业务部门及其工作内容

大型图书馆的业务部门有：

（1）采访部门：主要任务是根据图书馆的性质、任务和读者对象补充馆藏,建设科学的藏书体系。图书馆藏书建设的质量直接取决于采访工作的质量和业务水平。

（2）编目部门：完成图书资料的分类、编目、加工等整理程序,使之能为读者所用,并组织本馆的各种目录、建立馆藏目录体系、编制新书目录和联合目录等。

（3）外借阅览部门：开展外借、阅览、馆外流通等工作,向读者提供馆藏书刊资料。并根据实际情况开展图书宣传和阅读指导活动。

（4）参考咨询部门：开展书目参考和解答咨询以及各种专题服务工作。

（5）典藏部门：负责取书、归架以及馆藏图书财产的安全和保管等工作。

（6）业务研究和辅导部门：在公共图书馆和科学院院图书馆设有专门的业务研究和辅导部门。主要是开展业务研究和辅导工作。

（7）情报研究和服务部门：随着情报资料的迅速增加,图书馆的情报研究和服务活动日益加强。因此产生了这一新的独立的业务部门。它的主要任务是进行情报资料收集、加工、研究分析和传递服务。

（8）新技术新设备的研究和采用部门：新技术和新设备在图书馆的运用,在我国已日益受到重视,因此产生了又一新的业务部门。当前它的主要任务是研究图书馆传统操作程序的改革,并引进、采用切合我国需要的新技术和新设备,进行管理和服务工作。在此基础上进一步研究电子计算机等最新技术和设备在图书馆的运用问题。

以上各个部门的工作虽然是独立进行的,但各个业务部门之间及各个工序之间存在着密切的联系。认识这一点,对于树立图书馆工作的全局观点十分必要。

二、劳动组织

1. 搞好劳动组织的目的和意义

以最经济的人力取得最佳的效果,是合理的劳动组织所要达到的重要目的。科学管理必须杜绝重复劳动、人力浪费和工效低的现象,而要达到这一要求就必须搞好劳动的组织工作。

搞好劳动组织的意义:第一,可以提高工作效率。第二,有利于最经济地使用人力,使有限的人力充分发挥作用。第三,有利于发挥馆员的业务专长,提高工作质量,多出成果。

2. 劳动组织的具体内容

(1)合理划分工序和工作范围。业务部门或机构建立起来之后,要科学地划分各个部门的工作范围,以便各个部门在一定的范围内开展各项活动。在划分工序的时候,必须注意工序的衔接,既不要造成工作脱节,也不要造成重复劳动,浪费人力。

(2)制订工作计划。工作计划是根据客观实际情况和工作任务的要求预先确定开展工作的目标、措施和步骤以及方法等等。工作计划可分为全馆计划、部门计划或某一项工作的专门计划;也可分为年度计划、季度计划、月计划等。制订计划必须从实际出发,留有余地。工作计划因为是预先制订的,在执行的过程中随着客观情况的变化,需要作适当的修改。但工作无计划就不能有效地组织劳动,取得预期的成果。因此,制订工作计划是劳动组织中不可缺少的环节。

（3）合理分工。在一个具体部门中，要根据工作计划的要求把每一项工作分配到个人。分工明确，有利于提高工作效率。合理地分工有利于发挥个人的积极性和创造才能。工作量的确定、业务专长的利用都可能影响到分工的合理与否。

（4）明确责任。分工之后，应该明确每个部门和每个人必须负起的责任，建立严格的责任制。有了严格的责任制，才能保证工作质量，达到科学管理的要求。

（5）确定工作定额。实行定额管理是劳动组织的又一重要内容。只有实行工作定额，要求在一定的时间内完成一定的工作量，达到一定的指标，才能保证工作任务的完成。确定工作定额是一项很细致的工作。既需要精确的计算，也要科学地分析每个人的具体特点（如知识水平和业务技能以及年龄、健康情况等等），才能比较合理地确定每个人的工作定额。

（6）检查和协调工作的开展情况。工作计划的执行情况要随时加以检查，并研究工作中出现的新问题，不断协调各个部门、人员之间的工作。特别是要注意人力的调配，及时解决那些临时出现而又影响到整个部门，甚至全局性的问题。

3. 书库和阅览室以及各种工作场所的合理布局是提高劳动率的重要措施

书库和阅览室是读者利用馆藏的重要阵地，也是馆员的工作场所。根据图书馆的现有条件，尽可能地做到书库和阅览室以及各种工作场所的布局合理，对于方便读者利用藏书、节省馆内的人力、避免增加不必要的工作量和减轻馆员的劳动强度都有直接的关系。解决好这个问题，有利于提高工作效率。

三、图书馆技术和设备的管理及利用

1. 采用先进技术和设备，改革手工操作，逐步实现机械化和自动化。随着科学技术的发展，新技术和新设备在图书馆逐步得到

采用。图书馆传统技术基本上是手工操作,多少年来少有革新。这种落后的手工方式已不能适应科学技术文献飞速增长的情况,无法迅速满足科研人员和广大群众对书刊资料的急切需要。因此,一方面要继承、改造和发展我国图书馆的传统技术,改革落后的手工操作,另一方面应该着眼于现代技术和设备的采用,尤其是大型图书馆和国家的重点图书馆更应如此。

当前应该积极研究、试制新技术和新设备,包括引进国外的先进技术和设备,在引进的时候,一定要搞好调查研究,摸准情况,做到切合我国的实际需要,克服盲目性以避免财力的浪费。

2. 加强管理,发挥现有设备的能力。图书馆的设备是图书馆开展读者服务工作和馆内活动的物质条件之一。加强现有设备的管理,是保证图书馆工作顺利进行的一个重要条件。我国图书馆的设备目前还比较落后,先进的设备不多,更不普及。在这种情况下更需加强现有设备的管理,充分发挥它们的能力。

加强设备管理的问题,主要是建立管理制度、确定专人负责、加强保养维修等工作。

第四节　管理制度和方法

一、规章制度和条例

图书馆的规章制度和条例是科学管理的依据和准绳。因此,必须十分重视规章条例本身的科学性。这种科学性也就是图书馆工作客观规律的反映。有了科学的规章制度和条例,才能达到科学管理的目的和要求。

在图书馆的科学管理中,需要建立哪些必要的规章条例呢?概括起来有以下几个方面:

1.关于图书馆管理机构和业务部门的设置条例:规定设置原则、工作任务、职责范围、隶属关系和处理问题的权限以及人员编制等等。

2.关于中、外文书刊资料的入藏制度:分别规定图书、报纸、期刊及其它资料的入藏原则、标准、采集方式、登记方法以及工作人员的职责范围等。

3.关于图书文献资料的分类规则:对于图书、报刊、资料应分别规定分类的原则和方法、分类法的使用说明等。

4.关于中外文图书报刊文献资料的著录条例:分别规定中文和外文不同的著录标准、格式、规则等等。

5.关于目录组织规则:确定目录体系、种类和组织方法等。

6.关于藏书制度:确定藏书体系、类别及其原则、藏书组织的划分方法等。规定藏书清理(提存、注销等)和典藏以及保护的原则和方法等。

7.关于书库、阅览室和借书处的组织条例:确定组织原则、收藏范围、服务对象、工作任务、借阅方法、管理规则以及工作人员的职责范围等。

8.关于读者服务工作条例:规定服务范围、标准、对象、方法以及读者利用图书馆的权利和义务等。

9.关于古籍和善本书的管理和利用规则:规定古籍和善本书的分类、编目原则和方法、目录组织方法等以及古籍善本书的保管、利用的原则和方法等。

10.关于特种文献资料的管理和利用规则:规定特种文献的范围以及收集、整理、保管、利用的原则和方法等。

11.关于统计制度:规定统计范围、统计报表、统计单位、统计方法以及统计人员的职权和责任等。

12.责任制度:建立部门责任制和岗位责任制、规定检查和奖惩办法或措施等。

13.关于干部管理条例:确定干部职称和各种职称的要求或标准以及考核、晋升方法,还应包括考勤、奖惩办法等。

14.关于设备管理和利用规则:规定设备使用、维修、保管原则和方法等。

15.关于经费的使用原则:经费的预算、书刊资料的经费分配、经费使用情况的调查研究等。

以上几个方面的规章制度和条例,其中有一些应由上级主管部门规定(如人员编制比例、干部职称、经费等),有许多只涉及到一个馆的工作范围,可由各馆自行规定。但由于图书馆事业的发展和现代图书馆科学管理的要求,应逐步走向统一的规格化的管理。因此,最好由主管部门根据图书馆的不同类型来制订有关的规章条例。各馆在制订本馆的规章条例的时候,也应考虑到为逐步实现规格化的管理创造条件。

图书馆的规章条例有一个不断完善的过程。它应随着情况的变化适当加以修订。同时,又要保持规章条例的相对稳定性。但只要是具有严密科学性的规章条例,就能保持相对稳定性。

二、标准化

标准化是现代图书馆科学管理的一个重要手段,也是实现图书馆现代化的前提。科学管理要求图书馆事业的发展和图书馆的各项工作达到标准化。标准化,就是对图书馆事业的发展和图书馆业务中的技术方法以及设备等实行统一的原则或规范。图书馆的标准按其内容来分,有事业标准、业务技术方法标准、设备标准。制订图书馆的各种标准是统一管理工作的重要措施。

这里主要谈谈图书馆事业的发展标准和业务技术的方法标准。

1.图书馆事业的发展标准

图书馆事业发展标准中应该包括:规定图书馆发展的比例

（如图书馆的数量与人口的比例、居民和读者占有藏书册数的比例、经费比例等）、人员编制比例（藏书量与工作人员的比例）、读者占居民人口的比例、机构设置标准等等。

图书馆事业发展标准的制订应根据国家经济基础和各种物质技术条件。在全国范围内应允许有各个地区的发展标准的差异，应分别规定各省、市、自治区不同的发展标准，城市和农村不同的发展标准。

2.图书馆的业务技术的方法标准

图书馆的业务方法需要制订的标准很多，以下几种标准是必不可少的。

（1）图书文献资料的入藏标准。

（2）馆藏登记标准。

（3）藏书著录标准。

（4）目录组织标准。

（5）读者服务标准。

（6）馆藏图书注销标准。

此外，还有检索语言标准、缩微复印标准、机读目录款式标准、图书馆术语标准等等。

我国于1979年成立全国文献工作标准化技术委员会。直接受国家标准局的领导。它的工作领域包括情报、图书和档案等传统的和自动化实践中的标准化工作。根据我国实际工作需要，现在成立了八个分委员会，分别负责研究、制订有关的技术标准。

三、责任制

所谓责任制就是明确规定责任范围，让每一个部门和每一个人都担起应负的责任。责任制可分为部门责任制和岗位责任制。

为什么必须建立责任制？

1.建立责任制是提高工作质量的重要保证。只有明确地规定每一个部门和每一个馆员应该负起的责任,严格地按照责任制的要求来督促和检查部门和个人的工作,才能保证工作的质量。

2.建立责任制是进行评比和奖惩的必要依据。在图书馆工作中,开展社会主义劳动竞赛,评比先进,奖励先进集体和个人,或者惩处在工作中失职的部门和个人,都要有明确的责任制作为依据。

3.建立责任制是克服管理工作中官僚主义的有效措施。建立严格的责任制,有助于克服拖拉作风,消除职责不明以及由此产生的不负责任现象。建立责任制是克服官僚主义的有效措施之一。建立责任制将能促使图书馆干部和群众根据本部门和个人在本职工作中的职责和权限,充分发挥积极性和主动性,做到各负其责,各尽其力。

第五节　图书馆统计

一、统计的作用

图书馆的统计就是用数字来反映图书馆工作的实际情况,对图书馆实行计量化的管理。因此,它是图书馆重要的管理制度和管理方法之一。

办事情必须从实际出发,做到心中有数。必须注意基本的统计、主要的百分比,注意决定事物质量的数量界限。图书馆的统计数字能够给人以"量"的印象,能够全面、系统、准确地反映出图书馆的实际状况。只要掌握必要的统计数字,并善于进行科学分析,从而制订改进工作、提高质量的措施,就能发挥统计工作在科学管理中的"耳目"和"参谋"作用。

二、统计的种类

图书馆统计的种类很多。一般地说，以下几种是基本的统计。

1.馆藏统计。对图书馆的馆藏数量、种类、类别和文种等进行统计。馆藏统计可以是综合统计或分类统计，也可以二者兼有。

2.读者统计。读者统计反映来馆读者的数量。可按读者的职业、性别、年龄、文化程度、民族等和按时间如日、月、季、年等进行统计。读者统计也可分为综合统计和分类统计（如按读者的职业或文化程度等）两种。

3.借阅统计。借阅统计反映读者利用馆藏的数量。可按读者借阅馆藏出版物的类型（图书、报刊等）和出版物的内容如社会科学、自然科学等进行统计，也可以按借阅方式（个人、集体、馆际等）进行统计。

4.分类统计。主要是馆藏、读者、借阅的分类统计。

5.专门统计。图书馆的专门统计是为了某一特定的目的而进行的统计。例如，为了剔除陈旧过时的文献资料可以选择一定年限（如十五年、二十年等）以前的馆藏中某一种或某几种、某一类或某几类的文献资料，统计它们在一定时间内（一年或几年内）被借阅的情况，从中分析这些文献资料的使用寿命。

制订统一的图书馆统计表格，是标准化的一项工作内容。在图书馆的统计工作未实现标准化之前，各馆可根据本馆的需要设计各种统计表格，把统计工作切实开展起来。应积极改革手工方式，逐步实现图书馆统计工作的机械化和自动化。

三、统计方法

1.收集和积累原始资料。图书馆的统计工作首先就是根据统计表格的要求搜集数据资料。搜集资料要靠长期积累，而且要全面、系统地进行，并应十分重视资料的准确性。因为只有全面、系统、准确的数据资料,才具有科学价值,进行统计分析才有可靠的基础。

2. 填写统计表格。在搜集原始数据资料的基础上,按照统计表格上的要求认真地进行填写。填写统计表格的过程,也是对原始资料进行整理加工的过程。因为有些资料需要计算汇总,而有些资料又需要查对核实,等等。这些工作在填写统计表格的时候都要认真地进行,否则就可能造成统计数字不准确,因而失去统计工作的意义。

3. 确定统计单位。在填写统计表格的时候必须确定统计单位。由于馆藏的类别,如图书、期刊、报纸、缩微资料、手稿、拓片等各不相同,它们的计算单位也就不同。但必须明确规定统一的计算单位,才能填写统计表格。统计单位的确定也是标准化的一项工作内容。目前图书馆统计中常用的统计单位有"册"(图书、合订本期刊和报纸)、"卷"(古籍等)、"件"(缩微、复印资料等)、"张"(地图、画页、唱片等)、"米"(胶卷等)等等。而以出版单位或统计单位作为各类出版物统一的计算单位。

四、统计分析和几种比率的计算

1. 关于统计分析:

什么是统计分析? 统计分析就是对统计数字根据一定的要求进行比较分析和综合研究,从而掌握图书馆各种统计比率。

经过统计分析,可以掌握图书馆的藏书利用率、书刊流通率、读者到馆率、读者阅读率、拒借率等等各种统计比率。这些比率反映了图书馆工作的实际状况和业务水平。在科学管理中一定要掌握这些比率的数据,从中研究提高或降低这些比率的措施,以加强管理,提高工作水平。

2. 关于图书馆几种主要统计比率及其计算方法:

(1)藏书利用率。是指馆藏中被读者借阅的数量占全部馆藏总数的百分比。

计算方法是:用一定时间内读者借阅的总册数除以馆藏总数。

$$即:\frac{读者借阅读总册数}{全馆藏书总册数} \times 100\%$$

(2)书刊流通率。是指用于公开流通借阅的书库和阅览室的藏书被读者借阅的数量所占的百分比。计算方法是用某库、某室在一定时间内读者借阅的总册次除以该库、该室的藏书总数。

$$即:\frac{某库、某室在一定时期内读者借阅总数}{某库、某室的藏书总数} \times 100\%$$

(3)读者到馆率。是指平均一个读者全年到馆的次数。

计算方法是:全年到馆的读者人次除以读者的实际人数。

$$即:\frac{全年到馆读者数}{读者实际人数} \times 100\%$$

(4)读者阅读率。是指平均每个读者所借的书刊资料的数量。

计算方法是:全年书刊资料借阅册次除以实际借阅的读者人数。

$$即:\frac{全年借阅的总册次}{读者实际借阅人数} \times 100\%$$

(5)拒借率。是指读者在图书馆末借到的书刊的数量占读者所要借的书刊总数的百分比。

计算方法是:将一定时间(如一天、一周或一月等)内读者未借到的书刊的总数除以读者所要借的书刊的总数。

$$即:\frac{未借到的书刊资料的总册次}{读者所要借的书刊资料的总册数} \times 100\%$$

图书馆的上述各种比率是衡量图书馆实际业务水平和工作质量的重要标尺,因此是科学管理应特别着重加以研究的问题。

第六节 图书馆员的修养

一、图书馆员的知识结构

什么是图书馆员的知识结构呢？概括地说，就是一个图书馆员从事本职工作所应该具有的知识面，包括知识面的广度和深度。实践证明，一个图书馆员的知识面越广，他对于图书馆工作的适应能力就越强；知识越专深，他在该领域所作出的创造性的成果就越多。这说明作为一个图书馆员必须使自己的知识结构科学而合理，才能出色地做好本职工作，为人民作出更大的贡献。

知识结构对于每一个图书馆员都是客观存在的。自觉地认识自己的知识结构，根据本职工作的需要，努力造成、发展或改变某种知识结构，才能使自己的工作获得主动性和创造性。因此，每一个图书馆员都应该重视本身的知识结构。

一个图书馆员应该具有什么样的知识结构呢？应该说，不同的人从事不同的业务工作，就应该具有不同的知识结构。

仅就最一般的情况而言，一个图书馆员大体上应该具有这几方面的知识：马克思主义的理论修养；一般的文化知识；图书馆专业知识；某种学科知识及文献知识；外语知识或古汉语知识；实际工作经验等等。以上这些方面的知识，集中于一个图书馆员的身上，就构成某种知识结构。

然而，图书馆员要造成自己科学而合理的知识结构，就必须持之以恒地进行修养，以艰苦的努力来达到这一目的。

二、图书馆员的修养

一个图书馆员必须重视自己各方面的修养，努力使自己成为符合图书馆工作需要的专门人材。在修养的过程中,必须坚持又红又专的方向,不应当忽视某一方面。

图书馆员修养的基本内容和要求,包括以下几个方面:

1. 政治理论修养。图书馆员的政治理论修养,主要包括马克思主义的理论知识、政治理论水平和政治思想觉悟。马克思主义的理论知识,包括马克思主义哲学、政治经济学和科学社会主义的基本理论知识。政治理论水平,主要表现在掌握和运用马列主义的立场、观点和方法来分析问题和解决问题,并指导自己的工作实践。政治思想觉悟,主要表现在热爱中国共产党,热爱社会主义,坚持四项基本原则,具有坚强的事业心,努力为社会主义钻研科学文化知识和掌握业务本领,具有全心全意为人民服务的精神和干劲,等等。

2. 文化修养。一个图书馆员最起码应该具备普通高中毕业的文化水平,并在实践中不断地学习和充实科学知识素养,提高自己的科学文化水平。最好能掌握一种外语或古汉语。

3. 业务修养。图书馆员的业务修养,主要包括图书馆学知识、某一学科的学科知识和文献知识等,

第一,关于图书馆学基础理论知识。图书馆学基础理论知识包括对图书馆的性质、任务和社会作用有基本的正确的认识,对图书馆各项工作的意义、内容和要求有概括的了解,对各项工作之间的相互联系和影响以及图书馆工作的特点和整体性有比较明确的认识。同时,还要求图书馆员具有目录学、文献学、情报学等的基本知识。

第二,学科知识及文献知识。图书馆员要能够出色地进行图书馆工作,除了掌握图书馆学基本知识以外,还要深入某一学科,掌握该学科的基本理论和文献知识。当然,图书馆员掌握有关学科知识的主要目的,首先不是为了自己去研究有关学科的理论和实际问题,而是为了提高图书馆工作质量和读者服务水平。因此,

要求图书馆员在日常工作中,了解和熟悉有关学科的主要内容、学科发展的历史和现状,主要科学家、各种学派、学术动向以及主要的文献资料和基本的工具书等等。

4.基本技能训练。由于图书馆各种工作的性质和内容不同,基本技能的要求也各不相同。一般地说,应对馆藏比较了解,能使用馆藏目录、联合目录和有关的工具书查找书刊资料,或辅导读者进行文献检索;能够编制一般的书目索引、专题资料;能熟练地掌握工作方法,具有处理本职工作中业务问题的能力等。馆员加强基本技能的训练,对于提高工作效率和服务质量,是十分重要的。

图书馆员的修养问题,直接关系到图书馆在"四化"建设中所能发挥的作用问题,因此,广大图书馆员应该把自己的修养问题,同图书馆所面临的伟大任务联系起来,根据本职工作的需要,努力加强自己的政治和业务修养,不断提高业务水平和实际工作能力,争取为四化建设和图书馆事业的发展作出更大的贡献。

三、图书馆员的职称

图书馆员的职称是图书馆衡量和考核干部的标准,也是图书馆员进行政治和业务修养所要达到的目标。图书馆员职称的确定和执行,有利于调动广大图书馆员业务进修的积极性,因此,它是培养图书馆干部队伍的重要措施之一。

目前我国还没有制订出各类型图书馆统一的图书馆员职称条例,所以关于馆员的职务名称和业务要求,尚有待于将来由国家正式制订。

参考书目

1.《整顿和健全规章制度,提高管理水平》 管一丁 《图书馆》 1963 年第
  1 期

2.《中国科学院图书情报工作暂行条例》(试行草案) 《图书馆工作》 1979

年第2—3期

3.《浅谈科学办馆》 郭星寿 《图书馆工作与研究》 1979年第2期

4.《关于图书馆工作标准化的若干看法》 罗健雄 《图书馆工作与研究》
1979年第2期

5.《国外图书馆工作的标准化》 朱南 《北图通讯》 1979年策1期

6.《试论图书馆的统计工作》 丁道谦 《图书馆》 1964年第2期

7.《建立一支又红又专的图书馆工作者队伍》 胡耀辉 《图书馆学通讯》
1959年第12

8.《图书馆工作者应该加强哪些基本功的业务修养》 《图书馆》评论员 该
刊1963年策2期

9.《也谈谈图书馆工作者的基本功》 刘国钧 《图书馆》 1962年第2期

第十章　图书馆的现代化

第一节　图书馆现代化的意义和标志

图书馆现代化指的是用现代化的技术设备、服务手段以及先进的科学管理方法来加强图书馆的科学管理,提高图书馆的服务质量和服务效果。

近二、三十年来,国外一些图书馆从传统的手工操作的管理、服务方法,逐渐转向以电子计算机为标志的机械化、自动化的管理方法。我国随着四个现代化的进展,也将逐渐实现图书馆的现代化。

一、图书馆为什么要实现现代化

实现现代化是我国图书馆事业发展的必然趋势。这是因为:

1. 实现图书馆现代化是发展我国四个现代化、赶超世界先进水平的需要。

实现四个现代化,关键是科学技术的现代化。没有科学技术的现代化,就不可能用先进的科学技术武装国民经济和国防的各个部门,也就不可能尽快地实现现代化工业、现代化农业和现代化国防。

实现科学技术的现代化,图书资料是必不可少的手段。随着科学技术的发展,科学技术文献资料的数量正急剧增长。目前,全世界每年出版的图书约几十万种,期刊十多万种,发表的科学技术文献资料有几百万篇。如果我们闭目塞听,不了解国际上科学技术发展的动向、趋势和水平,以可贵的人力物力重复他人已经做过的工作,走人家已经走过的弯路,赶超就无从谈起。要赶超,就要充分掌握、详细占有国内外的文献资料,摸清国际国内的动态,了解过去已经做过哪些研究,取得了什么成果,目前已达到什么水平,今后的发展趋势是什么等等,以便确定我们赶超的目标和方向。

要加快科学技术的发展速度,提高与加强文献情报资料的传递速度,是重要的条件之一。必须采用现代化手段,才能迅速而准确地为四个现代化,特别是科学技术现代化提供最新的、科学水平最高的文献资料。所以,实现图书馆现代化是由于发展我国四个现代化,赶超世界先进水平所决定的。

2. 实现图书馆现代化是科学技术迅速发展和文献资料大量增长的需要。

当前世界科学技术的发展十分迅速。最近十多年来科学技术的发明与发现比过去两千年的总和还要多,而未来的十年,估计又将比现在的十年还要增加。伴随着科学的不断发展和深化,文献资料的渗透、交叉、重复现象以及向综合化发展的趋势日益增加,这不仅给科研工作增加了困难,也给搜集、查找资料的工作带来极大的不便。用传统的手工方法查阅文献资料,要花费科研工作者许多时间,而且很难找准、找全。而采用现代化手段,只用几分钟就可以把几年、几十年的资料查找一遍。图书馆工作的现代化使科研人员能够极快地掌握课题范围内最新、最全的文献资料,大大节约他们的时间,提高科研工作的效率。所以,实现现代化是由于科学技术的发展以及文献资料大量增长所决定的。

另一方面,科学技术的发展,特别是电子计算机应用于图书馆工作,又为图书馆实现现代化,改变其管理和服务手段,提供了物质基础。使得这种需要成为可能。

综上所述,图书馆采用现代化手段是客观发展的需要,是图书馆事业发展的必然趋势。图书馆的现代化将给图书馆工作带来巨大的变革。对于这一变革,我们应做好思想上、物质上、技术上以及人员的培训等各方面的准备。其中最主要的是思想上要充分认识图书馆实现现代化的重要意义和它的巨大作用。其次,在可能的条件下,做好业务上、技术上、干部等方面的准备,以便在条件具备时,顺利地向图书馆的现代化方向迈进。

二、图书馆现代化的标志

图书馆现代化绝不能理解成仅仅是技术装备手段的机械化、自动化。它还应包括组织管理的科学化和工作人员的专业化。

图书馆现代化的标志,主要有下列几个方面:

1. 文献资料传递手段和装备的现代化

包括四个方面:

(1)电子计算机的应用

应用电子计算机是图书馆现代化的中心课题。电子计算机在图书馆的应用范围很广,图书馆的大部分工作都可以使用计算机。图书馆使用计算机不仅可以极大地提高工作质量,也极大地提高了工作效率。主要表现在:

设立计算机检索终端,开展复制服务等,使读者能够广泛、准确地获得文献资料。

利用计算机,书刊资料的整理、报道和提供过程所需要的时间可以大大缩短,从而加速文献资料的传递速度。

用计算机检索文献,可节省读者查阅文献资料的时间。

计算机提供情报资料的形式多样化,例如屏幕显示,打印书本式目录、卡片,或输出缩微胶片、磁带等。

联网检索的发展,扩大了读者可以利用的文献资料的来源。

总之,图书馆使用计算机后,读者获得完整的、全面的、最新的文献资料的可能性增加了,获得资料的范围扩大了,速度加快了,使文献资料的利用越来越趋向社会化。

（2）文献缩微技术与复制技术的应用

由于文献资料的数量急剧增长,使文献资料的保存和流通产生了一系列问题。而缩微技术的应用是解决这些问题的有效办法。近年来,缩微技术有了很大发展。激光技术的发展可以作到高密度信息存贮,从而实现了超缩微化。

利用复制技术获得文献资料,它有速度快、有些复制品不需要阅读机就可应用的特点。由于这许多优点,很受读者的欢迎。国外图书馆的静电复印设备已很普遍。我国的一些大型图书馆陆续购置了静电复印机,并开展了复制服务工作。

（3）视、听资料的应用

用印刷出版的形式传递科学技术知识,速度很慢,而且有局限性。而视、听资料可以闻其声,见其形,给人以直接的感性的认识,并且传递速度快,所以近年来发展很快。视、听资料对于传播科学技术知识,促进科学观察和实验,提高服务效果等具有其独特的作用。

（4）图书馆工作过程的机械化、自动化

图书馆的机械化、自动化除了电子计算机的应用外,从广义来说,还应包括传输和通讯联络的机械化、自动化。图书馆传输的机械化主要指出纳台和书库之间,书库内各层之间的机械化。主要设备有垂直传送装置和水平传送装置等。除书库和出纳台采用机械化设备外,在图书加工过程中采用某些简单的机械化、半机械化设备,也是可行的。

2. 图书文献工作的标准化

图书馆设备的现代化,要求业务工作、技术工作尽可能做到规格化和标准化。没有标准化就不可能实现网络化。不单在一国之内要有统一的标准款式、规格、制度,而且在国际上也要尽可能便于转换互通,力求规格和标准的统一。标准化是实现图书馆现代化的重要前提,是科学管理的重要内容。

3. 组织管理工作的科学化

实现图书馆现代化必须有一定的组织基础,有科学管理工作与之相适应。

为了充分地发挥电子计算机的特点和优越性,就要求组织起来,把各种类型的图书情报机构纳入到一个有组织的系统中来,使之互相配合,分工协作,形成文献检索网络。网络化是以最节约的方式进行图书馆现代化建设的办法,也是最大限度地发挥计算机效用的办法,是多快好省地实现现代化的关键。所以,实现网络化是发展图书馆现代化的必要条件和基础,也是实现图书馆现代化的必然趋势和结果。

采用现代化技术必须有高度严密的科学管理工作与之相配合。在每个工作环节和整个网络的建设中,要预先搞好切实可行的、合理的系统分析和系统设计,并根据工作程序,按部就班地进行工作,确实保证质量。在经常的管理工作方面,要建立高度严密的规章制度,坚持一丝不苟的岗位责任制,保证不出或少出故障。必须具有一套科学的管理方法和严格的管理制度才能保证现代化设备的合理使用,才能充分发挥现代化设备的优越性。

4. 工作人员的专业化

有了现代化设备,还需要一批具备一定的科学技术水平的工作人员去操作和使用才行。由于设备的现代化和组织机构的网络化,加以文献资料本身的形式和内容不断的发展,图书资料的管理方法不断的改革,因此,对图书馆工作人员的要求无论在业务知识、科学技术知识以及管理操作能力等各方面都大大地提高了。原来传统的业务知识和业务工作能力已逐渐不敷应用。必须培养一大批掌握图书馆新技术的人才,懂得电子计算机技术的基本理论和基本技能，能够进行新技术的操作和管理，熟悉图书馆专业知识的专业化工作人员，才能适应图书馆现代化发展的需要。同时还要培养一批从事图书馆现代化技术的研究人员，重点研究和试验如何将计算机在我国图书馆工作中应用的问题，研究引进外国技术如何为我所用的问题，研究图书馆技术未来的发展动向问题等等，以便赶超世界先进水平。工作人员专业化水平的高低，直接关系着我国图书馆实现现代化的速度，关系着现代化设备的利用程度和服务质量。

第二节　电子计算机在图书馆工作中的应用

一、利用电子计算机进行文献检索的历史

电子计算机的诞生至今已有三十年的历史，而计算机应用于图书文献资料检索的历史也有二十多年了。二十多年来，一些国家图书馆利用计算机进行文献检索，大约经历了三个发展时期：

1. 1954—1964 年，脱机成批检索时期

这一时期主要是利用计算机建立成批检索系统。所谓成批检索，即定期由专职检索人员根据读者的提问和要求，按批量进行检索，然后把检索结果提供给读者。由于检索时，读者不能和计算机对话，如需修改提问，则比较困难。

2. 1965—1972 年，联机检索时期

联机检索就是读者可以利用终端设备，通过通讯线路与计算机中心连接，直接与计算机对话，进行检索，检索的结果由终端输出。联机检索由于实现了人机对话，工作富于启发性，可以及时修改检索题目，提高查准率。

3. 1976 年—现在，建立计算机网络时期

这个阶段的明显趋势是计算机与现代化通讯技术相结合,进入了文献情报—计算机—电讯三位一体的新时期。这一时期的特点是把许多计算机检索系统联接起来,形成巨大的计算机检索网络。各大型图书、情报单位的计算机,变成网络中的一个节点,每个节点又可联结很多个终端设备。依靠通讯线路,把各个节点联接起来,形成文献检索网络(或称文献传输网络)。读者可以利用终端设备,检索网络内任何一台计算机系统的文献资料,增加了获取全面文献资料的可能性。

近年来,除利用一般通讯线路外,还在研究和试验利用通讯卫星,电缆电视来接收和传送文字、图像,实现远距离文献检索。

二、电子计算机在图书馆各项工作中的应用

电子计算机具有巨大的记忆能力和快速判断能力。用于存贮和检索文献资料,有很大的灵活性和通用性。

电子计算机在图书馆的应用范围非常广泛,除编制文摘索引和进行文献检索外,还用于图书采购、编目、编制书目索引和联合目录、图书外借流通、统计分析等工作。

1.用电子计算机编制文摘索引

用计算机编制文摘索引大体上有情报加工、输入、处理、输出与排印等几道工序。目前除情报加工还需人力操作外,其余几道工序全是由计算机自动处理。

利用计算机编制文摘索引,可大量节省人力,提高速度,缩短出版周期。还可以非常方便而迅速地编排出其他各种索引,如年度索引、著者索引、关键词索引等等,充分发挥计算机的优越性。

2.电子计算机在文献检索工作中的应用

利用计算机编制文摘索引的副产品是建立了数量越来越大的文献库,这就给开展情报检索创造了坚实的条件。

情报检索大体上有定题情报检索和回溯情报检索两种。定题情报检索是根据读者的一定需要,定期地由新到文献库中检出相应的资料,并打印出检索结果,提供给读者,使读者掌握自己所需课题的最新情报资料。定题情报检索的特点是材料新,针对性强。这两个特点是它具有生命力的原因之一。

　　回溯检索的内容不仅限于新文献,其检索可以回溯到文献库所能提供的年代,一次可以查多年的文献资料。所以,回溯检索的第一个条件是要拥有一个相当规模的文献库,要有存贮几十万、几百万篇的文献库。第二要采取联机检索方式。因为大量文献的多年回溯检索,其结果既要切题,文献量又不能太多,因此要采取联机检索方式,实行人机对话,否则很难控制查准率和查出的文献量。

　　采用计算机进行情报检索具有一次输入,多次输出,速度快,效率高等优点,因此很多国家都投入大量的人力、财力来发展这种检索系统。

　　3.电子计算机在编目工作中的应用

　　编制目录是计算机在图书馆的另一大宗用途。利用计算机编制图书目录的创始者是美国国会图书馆。它于 1963 年开始准备,1966 年 2 月正式开始试验 MARC Ⅰ式。1967 年 12 月讨论并通过了 MARC Ⅱ 式,1968 年 6 月试验阶段完成。从此,美国国会图书馆正式成立 MARC 订购服务部,进行 MARC 磁带的发行工作。

　　计算机编目是在传统的手工编目的基础上发展起来的,它们之间在著录内容、著录事项等方面有相同的地方,但也有区别。这种区别除了计算机所需要的一些特殊标识符号外,最突出的一个区别是计算机编目要比手工编目的著录复杂得多。因为计算机的目录组织是通过记录与程序的结合来实现的,只要一次输入进去的记录项比较齐全,计算机就能根据预先设计的程序,通过自动控制,迅速而准确地从多方面输出各种各样的目录、索引。它的速度与效果大大超过手工编目。

4. 电子计算机在采购工作中的应用

在图书馆的业务中,采购和编目工作是紧密相连的。采购工作的自动化是在 MARC 出现后和编目工作自动化以后才逐渐发展起来的。

计算机为采购工作完成的项目有:建立"待入藏文档"和"订购文档",打印订单和催书单,编制书名、分类、著者和主题等订购目录,新书登记,编制新书通报,帐目管理,统计分析等。

5. 计算机在处理连续出版物中的应用

计算机不仅用于处理图书,也用于连续出版物的订购、登录、编目、装订、流通等项业务工作。在连续出版物的订购方面,可利用计算机掌握续订和打印续订通知单。有的馆还由计算机每月打印出应订目录,同时进行订购方面的帐目管理和财会核算。计算机对连续出版物进行较详细的著录后,可编馆藏目录、联合目录等。

计算机通过程序控制,还可以管理期刊的装订。如:提供需要装订的品种,自动通知装订的形式、颜色,索引是否在内,多少期合订一册,编制并输出合订本的卷册目录和缺期目录。

6. 计算机在流通管理工作中的应用。

计算机用于流通管理是另一项重要的用途。利用计算机管理图书外借时,要考虑的主要数据是:①谁借了哪些书,②哪些书被谁借去了,③什么时候应该归还。为了记录这三项内容,就要往计算机输入必要的数据。"什么时候应该归还"这个数据可以根据借书日期自行处理。而要输入"谁借了哪些书"、"哪些书被谁借了"这两个数据时,不能直接输入人名和书名,而要编成代码才能输入。利用计算机输入代码以进行外借管理,目前有下列几种方式。

(1)穿孔输入:事先把读者的借书卡和书袋卡按照代码穿好孔。在出纳台备有"数据搜集器"和"显示器"。当读者在借书时,先把读者借书卡放进"数据搜集器"内，"显示器"回答"可以"，并把读者的借书卡的号码显示出来后，就可以办理借书手续。借书手续非常简单，只要把准备借走的图书的书袋卡放进"数据搜集器"，让它记录下索书号就行了。办完手续后，借书卡仍还给读者，书袋卡仍放回书袋内。如果读者的借书已超过册数或有过期未还的图书，"显示器"就出现"不可外借"或"停止外借到×月×日"的字样。

（2）"条形码"光学方式输入：这种输入方式的终端设备是一支光电笔，一个"显示器"。当读者借书时，把贴有"条形码"的借书卡和贴有"条形码"的图书，用光电笔在"条形码"上一划，光电笔正确读出"条形码"，并发出肯定声音后，就办完了借书手续。

（3）光学字符识别方式输入：这种输入方式的终端设备是由"光学字符识别握式扫描器"和"显示器"组成。在读者的借书卡和图书上贴上数字代码，借书时，用"握式扫描器"在借书卡和图书的数字代码上一划，待发出肯定声音后，就办完了借书手续。

（4）用键盘输入：这种输入方式设备简单，价钱低廉，但由于人工按键速度慢，易出错，现在已很少应用。

利用计算机管理外借工作，可以大大提高工作效率，节省读者借还图书的时间，省去馆员的排片和统计工作。

第三节　我国图书馆现代化的状况

一、我国图书情报界为使用电子计算机而做的准备工作和试验工作

七十年代以来，我国在北京、上海、南京、广州等几个大城市，一些大型图书馆和情报所开始研究和试验如何在图书情报工作中

应用计算机的问题。几年来，进行了下列工作：

1.《汉字信息处理工程》的研制：从 1974 年开始，由中国科技情报研究所、北京图书馆、四机部、国防科委情报所、新华社以及上海、江苏等单位参加的《汉字信息处理工程》开始研制。其中包括用于汉字情报检索的计算机硬件、软件、主题词表及机器翻译几个方面的研制。其中值得提出的是：

（1）汉字编码问题的研究

汉字如何进入计算机是一个首先要解决的问题。这个问题不解决，就会影响到计算机在我国的应用和普及。目前，我国汉字信息处理尚处在探索和研制的阶段，很多人在研究汉字编码问题，并已取得了十分可喜的成果。

汉字编码方案，归纳起来有下列几种。

①整字输入方案（亦称大键盘方案）。

②字形分解方案。

③拼音编码方案。

④形、声编码方案。

我国汉字编码的研究虽然积累了一定的经验，作出了一定的成绩，但是绝大多数方案未上机进行实践检验，也未做精确的数理分析比较。现有各种方案，都存在着一些问题，距通用的标准方案或适宜于个别部门使用的比较完善的专用方案的要求，尚有不同程度的距离。我们相信不久将会研制出标准的汉字编码方案。

（2）规范化语言——汉语主题词表的编制

利用计算机检索文献必须使检索者使用的语言与计算机所用的语言相符，才能与计算机存贮的素材进行对比和运算，完成检索要求。所以制订规范化检索语言——主题词表是实现计算机检索的重要条件。

为了建立情报资料的计算机检索系统，根据汉字信息处理研究的要求，情报研究所和北京图书馆等五个单位，组织全国有关的专业单位协作,编印了一本计算机检索用的"汉语主题词表"。这部主题表是综合性的,包括哲学、社会科学、自然科学各门学科的检索用词汇,共收入主题词十万零八千条。主题词表的编制是我国图书情报检索语言规范化、标准化的良好开端。

1979年国防科委情报所还出版了《国防科学技术主题词典》,收入有关国防科学技术的正式主题词一万七千多个,非正式主题词三千多个。

此外,还有《航空科技资料主题表》于1971年出版,1973年再版,收词一万个。《电子技术汉语主题表》于1973年出版,收词七千五百个。

2.使用计算机进行文献检索的试验

1975年以来,中国科学院计算所与中国科学院图书馆、一机部情报所、中国科技情报研究所、中山大学等单位相继进行了计算机情报检索的试验,并取得了一定的成绩。

在软件方面,中国科学院图书馆计算机检索小组和科学院计算所协作,于1976年研制试验QJ—111情报检索系统。利用这一系统,进行了外文文献的检索试验,也进行了中文文献的检索试验。中文文献用汉语拼音加1、2、3、4,区别四声的办法,解决同音字的问题。在没有主题标引的情况下,从分类、书名或著者的任何一个或几个关键词进行检索,试验结果较好。

1976年底,一机部情报所在一机部计算机中心的软件人员的帮助下,编出了多检索词、顺排资料档的检索程序。利用这一程序,在DJS—C4型计算机上,对五百篇"铸造专业"的外文文献进行了自编磁带的检索试验。检索出的资料能够切合读者需要的内容范围。1977年12月,在一机部大楼的终端设备上作了初步联机检索试验。终端设备与一机部计算中心通过市内电话线联系起来。从终端设备发出提问,在计算中心的机房,从五百篇文献中进行检索,几秒钟即可将检索的结果显示在终端的屏幕上。

1977年,中山大学建成多用户小型检索系统MIRS—H。

1979年南京大学与中国科技情报所合作,利用TK—70计算机编制成批处理软件,进行检索试验。冶金部情报所,邮电部情报所,也分别利用国产计算机编制定题情报检索的软件系统,进行检索试验。

上述检索系统均属于试验阶段,还没有达到实用的程度。

此外,一机部情报所近二、三年来开始利用进口的外文磁带进行定题情报检索服务,得到了用户的好评。

3. 计算机编目问题的研究

七十年代初期,我国开始研究计算机编目问题,翻译并介绍了美国国会图书馆的MARC II。七十年代中、末期,开始探讨在我国如何进行计算机编目的问题。但由于汉字信息处理问题尚未得到最好的解决办法,所以关于标准代码和机读目录的标准款式等问题,看来还不可能立即得到解决。我国图书情报界有些同志认为,可先从西文图书机读目录开始,作为我国图书馆用计算机编目的突破口。具体做法是:利用进口的MARC磁带,编制国内各图书馆可以通用的西文图书目录卡片和书本式联合目录。可选定一台进口的、设备较完善的计算机(配有目录卡片打印机和光电照排设备等)进行试验。试验前,要进行周密细致的准备工作,如MARC的具体项目和格式如何适应我国图书馆的需要;还要加入哪些信息,加在什么字段;如何既照顾我国的实际情况,又能与MARC兼容,并能考虑到将来的发展等。拟出初步方案以后,要广泛酝酿和征求意见,经过充分的讨论以后,再确定方案。先从西文图书机读目录搞起,有助于摸索和积累经验,培养和训练工作人员,为将来进行中文图书机读目录创造条件。

另外,我国图书情报界的同志一致认为,待汉字信息处理问题取得一定进展后,应成立全国性的专门研究小组,集中研制我国统一的汉字标准代码和中文图书机读目录的标准款目,这是发展我国计算机编目工作的必要途径。

4.计算机工作人员的培训

利用计算机进行编目或情报检索的人员包括:情报研究人员,系统分析与系统设计人员,程序设计人员,机器操作人员,机器维护人员及其他管理人员。目前在图书馆界这方面的人员是很缺的。根据我国的实际情况,可采取下列办法培训:

(1)组织图书馆在职干部学习计算机知识,掌握计算机技术。这种干部由于已有图书馆工作的基础,一边学习,一边就可以根据图书馆或情报机构要求,进行计算机存贮与检索的研究和试验,几年内就可见到效果。例如,1979年科学院图书馆举办的"计算机情报检索培训班"开创了很好的先例。培训班所学的课程有:计算机原理、情报检索应用软件、中文信息处理、COBOL语言、数学、计算机网络、科技文献检索、情报检索概论、词表与标引、图书馆自动化等。

(2)可在图书馆或情报所组织研究小组,研究文献检索程序设计、文献库的建立及应用等。还可研究和筹划图书馆自动化问题以及标准化的各种问题等。

(3)在图书馆学、情报学的教学工作中增加"计算机及其在图书馆的应用"课程。

(4)争取懂得计算机技术的专业毕业生来图书馆工作。

二、复制设备的状况和使用情况

近年来,国产复制设备的种类和型号日渐增多。一些大型图书情报单位逐渐添设了复制设备、开展了复制服务。

国产复制设备主要有下列种类:

1.低倍数缩微复制照相机,

2.硒静电复印机,

3.氧化锌静电复印机,

4.静电制版—胶印机，

5.其他如光电誊影机等。

图书馆使用前两种复制设备的较多。复制服务的开展，节约了读者摘抄文献资料的时间，方便了读者，同时也有助于珍贵的或单本的书刊资料的利用与保管。

三、现代化技术与传统的技术方法的关系

随着现代化技术的应用，一部分陈旧过时的传统技术将被新技术代替，或进行一定的改革，以适应机械化、自动化的要求。但是，采用现代化技术并不排斥原有的、合乎规律的技术方法。这是因为：

第一，使用计算机只是用机器来代替人的手工操作，而图书馆一些工作的内容和实质并没有改变。例如，采用计算机编目，它的著录事项吸收了现有编目工作的各种优点，并未否定现有的编目技术方法。

第二，现有的一部分传统技术是实现图书馆现代化的基础工作和前期工作。例如，往计算机里存贮资料以前，首先要靠人工去著录、编写草片，安排好工作流程，才能输入计算机，使计算机发挥人所赋予它的各种功能。又如图书流通借阅工作实现机械化以后，它的前期工作，如采购、整理、加工、保管等工作，仍然要用传统的技术方法处理。

第三，实现机械化必然会出现一个相当长的过渡阶段。在过渡阶段中，传统技术与现代化技术是并存的。如机读目录与传统的卡片目录是兼存并用的；缩微复制品、视听资料与传统的印刷出版物是并存的，两者要互相结合。

第四，有些工作还不能很快地全面实现机械化、自动化。如取书、归架，虽然在传输方面可做一些改革，但还需要靠人力进行。

所以传统的技术工作不但不能废弃，而且必须加强它的研究

和改造,使之更加科学化、标准化,更好地适应现代化的需要。

结　束　语

　　图书馆同其他事物一样,有它发生和发展的过程。人类在长期的实践活动中,发明和发现了各种书写材料(即各种信息载体),如我国古代的甲骨、简策、帛以及后来发明的纸张等,并用它们来记载人类从事生产斗争、阶级斗争、科学试验的丰富知识。收集并保存这些人类智慧的结晶——书籍,于是产生了最早形式的图书馆,即"藏书楼"。到了近一、二百年,由于社会的需要,也由于书籍印刷实现了大机器生产,传递人类知识的工具有了较大的发展和进步,于是公共性质的图书馆逐渐发达起来,图书馆成了公共使用书刊资料的文化教育场所。到了现代,特别是近二、三十年,由于现代化技术的发展,电子计算机开始应用于图书馆工作。缩微材料,录音带、录像带、计算机用的磁带、磁盘等多种信息载体用来记录文字、图像、声音,使得图书馆收藏的形式和范围发生了很大的变化,读者在图书馆可利用的资料多样化了。近十年来,计算机向着大规模网络化发展,这就使原来单个的,分散的图书馆,通过计算机网络,逐渐发展为互相联系的、互通互用的文献资料的收藏和使用系统,图书馆越来越趋向社会化。

　　今后一、二十年内,图书馆将进一步向现代化方向发展。未来的图书馆将展现出下列景象:

　　一、录音带、录像带、缩微胶卷、胶片等多种载体的资料将得到广泛的应用,因为它们比印刷品更为优越和实用,因而更受到欢迎。图书馆将充分提供并出借录音带、录像带等视、听资料,读者借阅录音带、录像带的人次将会大大超过借阅图书的人次。这种情况将改变人们把图书馆仅仅看做是书刊陈列室的看法。将来的图书馆将成为各种载体的资料媒介中心,而图书馆员将成为资料媒介专家。

二、机读目录和缩微型目录将代替卡片目录。到八十年代,读者可以用缩微胶片阅读装置来查找他所需要的图书或文献,这种装置是计算机目录的组成部分之一。到八十年代后期,从显像屏上查找目录将是读者常用的方法。

三、由于藏书量和借书人数的不断增加,今后将广泛地采用自动化流通系统来办理图书出借手续,以代替老式的往读者借书证和书卡上盖戳的办法。自动化借书系统还可以将邻近几个图书馆的计算机联接起来,互相借阅彼此的书籍,而不必经过馆际互借手续。

四、随着缩微技术的发展,计算机输出原始文献将成为可能。另外,一些国家开始采用电缆电视,它将成为图书馆之间,图书馆和读者之间联结的最重要的工具。有了电缆电视和全文献输出技术,读者就可以在家里从电缆电视的屏幕上查阅文献资料的全文。到那时,图书馆就像在自己的家里一样。

五、随着现代化通讯技术的发展,特别是出现了卫星全球通讯,就可以使世界各国的文献数据库通过卫星联接起来,形成巨大的、国际范围的计算机检索网络。这就使得文献资料的传递打破了国际界限和地理上的隔阂,读者可以远隔万水千山,很方便地利用世界各地图书馆所收藏的文献资料,人类的知识将可以得到更充分的交流和利用,图书馆越来越趋向国际化。未来的图书馆将在更大的范围、更广阔的天地发挥它的作用。

参考书目

1.《国外科技情报工作现代化简介》《科技情报工作通讯》 第 28 期 1978年 2 月

2.《开展图书馆现代化的研究是新时期图书馆学的重大课题》 黄宗忠等

《武汉大学学报》(哲社版) 1978年第6期

3.《谈谈我国图书馆应用计算机的起步问题》 沈迪飞 《图书馆学通讯》1979年第2期

4.《利用MARC机读目录系统建立书目数据库共享情报图书资源的探讨》 朱南 《图书馆学通讯》 1979年第1期

5.《国外图书馆事业现状与发展浅谈》 鲍振西 李哲民 《图书馆学通讯》 1979年第1期

6.《未来的图书馆》 (美)R.F.史密斯著 李家乔译 《北图通讯》 1979年第2期